Unterrichtsmaterialien aus Forschung und Praxis

Herausgegeben von Angela Sandmann und Silvia Wenning

Unterrichtsentwicklung mit dem Anspruch und der Professionalität der Schulpraxis und dem Blick auf Erkenntnisse fachdidaktischer Forschung ist wertvoll und gewinnbringend. Für beide Seiten – Schulpraxis und Forschung – wird handlungsorientiertes Wissen über die Komplexität und Realisierbarkeit von Unterrichtsvorhaben generiert. In der Biologiedidaktik der Universität Duisburg-Essen arbeiten fachdidaktische Forschung und Schulpraxis nunmehr seit vielen Jahren in der Unterrichtsentwicklung erfolgreich zusammen. Dabei profitieren Biologielehrerinnen und -lehrer von neuen Unterrichtsmaterialien und dem „Blick über den Tellerrand". Die Fachdidaktik erhält die Chance Forschungsergebnisse an der Schulpraxis zu spiegeln und neue Erkenntnisse praxiswirksam werden zu lassen.

Aus der gemeinsamen Arbeit sind vielfältige innovative Materialien, Konzepte und Anregungen für den Biologieunterricht entstanden, die mit dieser Reihe für alle Lehrerinnen und Lehrer auch digital als E-Book verfügbar sind. Die Heftthemen streifen dabei die gesamte Unterrichtsvielfalt von der Exkursionsempfehlung, über Experimente- und Aufgabensammlungen bis hin zu Aufgabensequenzen und vollständigen Unterrichtsreihen. Alle Materialien sind ausführlich erprobt sowie in Arbeitskreisen und Fortbildungsveranstaltungen mit jungen und erfahrenen Lehrkräften diskutiert und optimiert worden.

Bei allen beteiligten Biologielehrerinnen und –lehrern möchten wir uns für die langjährige Zusammenarbeit bedanken und hoffen weiterhin auf anregende kreative und produktive Zeiten.

Das Heft 3 „Neobiota – Aufgaben für Unterricht und Exkursion" entstand in Anlehnung an eine Exkursion, die die Abteilung für Aquatische Ökologie unter der Leitung von Prof. Bernd Sures für Studierende durchführt. An der Neobiota-Exkursion haben seit 2011 zahlreiche Kollegen und Kolleginnen teilgenommen. Sukzessive wurde die Konzeption der ursprünglichen, fachlichen Exkursion um fachdidaktische Anregungen und Unterrichtsmaterialien für die Exkursion und den Unterricht erweitert.

Das vorliegende Reihenheft beinhaltet einen Vorschlag für eine Unterrichtskonzeption zum aktuellen Thema „Neobiota" mit Aufgaben, die im Unterricht und auf einer Exkursion flexibel einsetzbar sind. Alle Information zu den ausgewählten Pflanzen und Tieren finden Sie in Form von bebilderten Steckbriefen mit entsprechenden Leitfragen und Lösungsblättern. Ein kontextorientierter Einstieg in Form einer Zeitungsanzeige „Gefahr von oben" und „Groß und gefährlich – Der Riesenbärenklau in NRW" , eine Aufgabe zum Kompetenzbereich Bewerten, runden das Unterrichtsmaterial ab. Materialien zur Anpassung der Exkursionsmaterialien an andere Standorte und die Einbindung in die bundesweiten Bildungsstandards und die Kernlehrpläne NRW für alle Schulformen sind ebenfalls enthalten.

Angela Sandmann   Silvia Wenning

Unterrichtsmaterialien aus Forschung und Praxis

Herausgeberinnen

Angela Sandmann, Silvia Wenning

Universität Duisburg-Essen
Fakultät für Biologie, Didaktik der Biologie,
Universitätsstr. 2, 45141 Essen

Neobiota – Aufgaben für Unterricht und Exkursion
1. Auflage: 2013

Autoren

Geelvink, Hilke
Hell, Lilla-Eliza
Hülsken, Annika
Kubinski, Fabian
Rögels, Marion
Wenning, Silvia

Zeichnungen

Sebastian Elsemann

Herstellung und Verlag

BoD - Books on Demand,
In den Tarpen 42
D-22848 Norderstedt

ISBN 978-3-7322-4819-3

Wir möchten uns an dieser Stelle ganz herzlich bei Prof. Dr. Sures und Nadine Haus für die Unterstützung bedanken, die die Exkursion in ähnlicher Form für Studierende der Universität Duisburg Essen anbieten.

Inhaber der Bildrechte, die wir nicht ausfindig machen konnten, bitten wir, sich bei uns zu melden.

Neobiota
Aufgaben für Unterricht und Exkursion

Inhalt

Einführung - Neobiota

S. Wenning

„Neobiota und die Folgen für unsere Ökosysteme" ist ein Thema, das begleitet durch die Medien immer häufiger das Interesse der Öffentlichkeit weckt. Die Einwanderung von Pflanzen wie z. B. Ambrosia, die Allergien hervorruft, oder das verstärkte Auftreten von bisher unbekannten Schädlingen wie z.B. der Kastanienminiermotten, das zur Entlaubung und zum Absterben von Straßenbäumen führt, können Menschen in gesundheitlicher oder finanzieller Hinsicht beeinträchtigen. Die Einwanderung von Neobiota ist häufig auf Klimaveränderungen zurückzuführen, welche die Lebensräume der entsprechenden Organismen erweitern. In alle Lehrpläne wurde der Zusammenhang zwischen der Angepasstheit von Lebewesen an einen Lebensraum sowie die Bedeutung der ökologischen Veränderungen und deren Folgen aufgenommen. In diesem Zusammenhang kann das verstärkte Auftreten heutiger Neophyten und Neozoen thematisiert werden. Der nachfolgende Unterrichtsvorschlag stellt einen Beitrag dazu dar.

Als Neobiota bezeichnet man im deutschsprachigen Raum Arten, die seit 1492 in ein Ökosystem durch direkte oder indirekt menschliche Eingriffe eingewandert sind. Der Begriff setzt sich zusammen aus den griech. Bezeichnungen neos (neu) und bios (Leben). Entsprechend spricht man von Neophyten, Neozoen und Neomyceten.

Neobiota wurden und werden auf unterschiedlichen Wegen eingeführt. So führte z.B. der Bau des Suezkanals zu einer Wanderbewegung vom Roten Meer zum Mittelmeer und der Rhein-Main-Donaukanal schafft eine Verbindung vom Schwarzen Meer zur Nordsee. An den Rümpfen oder im Ballastwasser von Schiffen werden Arten mitgeführt. Tiere werden als Zierfische, Pelztiere oder zur Jagd eingeführt, Pflanzen für Gärten und Parks.

Die meisten Neobiota fügen sich schnell und folgenlos in Biotope ein. Einige aber vermehren sich rasant und stören damit das ökologische Gleichgewicht eines Ökosystems. Sie werden invasiv genannt. Da sie Struktur und Funktion von Ökosystemen nachhaltig stören bzw. zerstören und einheimische Arten verdrängen, tragen sie zur Habitatvernichtung bei und damit zur Zerstörung von Biodiversität. Auch Deutschland hat sich mit der Biodiversitätskonvention von 1992 verpflichtet, die biologische Vielfalt zu schützen und nachhaltig zu nutzen.

Neobiota werden dann als problematisch eingestuft, wenn für sie mindestens drei der folgenden Kriterien zutreffen:

- Sie gefährden und verdrängen einheimische Arten.
- Sie verändern heimische Ökosysteme.
- Sie verursachen wirtschaftliche Schäden.
- Sie gefährden die Gesundheit des Menschen.

Viele Bäume wurden als Zierpflanzen für Gärten und Parks eingeführt, z. B. die Robinie aus der Familie der Schmetterlingsblütler. In Europa wurde 1601 von Jean Robin, einem Botaniker, die gewöhnliche Robinie eingeführt. Nach ihm wurde die ganze Gattung der Robinien benannt.

In den Materialien finden Sie Steckbriefe zu verschiedenen Neobiota, welche jeweils die systematische Einordnung, die Herkunft, Verbreitung und Auswirkungen auf Ökosysteme beschreiben. Zur Übersicht wurden die wichtigsten Informationen in jeweils einem Lösungsblatt zusammengefasst.
Die unterrichtliche Einbindung kann auf verschiedene Weise erfolgen. Mit der ursprünglich konzipierten Exkursion lassen sich verschiedene Unterrichtsszenarien planen, die zu Beginn kurz skizziert werden. Die Materialien wurden für die dargestellte Exkursion in das Naturschutzgebiet der Saarner Aue in Mülheim entwickelt, lassen sich aber auf jedes vergleichbare Exkursionsgebiet übertragen. Dazu wurde eine Liste weiterer Neobiota Deutschlands mit deren ökologischen, wirtschaftlichen oder gesundheitlichen Auswirkungen angefertigt.

Aus dem Projekt „Biologie im Kontext" kann die Aufgabe zum Thema „Groß und gefährlich: Der Riesenbärenklau in NRW" für den Transfer der fachlichen Kenntnisse und zur Schulung der Bewertungskompetenz genutzt werden. Der Zeitungsartikel zur Platane ist in Anlehnung an eine Presseinformation entstanden und kann entsprechend abgewandelt oder aktualisiert werden.

Unterrichtskonzeption

H. Geelvink, A. Hülsken, F. Kubinski S. Wenning

Zentraler Bestandteil des Unterrichtsvorhabens ist eine Exkursion zu Neozoen und Neophyten, die exemplarisch an einer Exkursion in die Saarner Aue in Mülheim im Anschluss vorgestellt wird.

Als Einstieg in die Unterrichtsreihe bieten sich Zeitungsartikel der örtlichen Presse an, die die Neobiota-Problematik verdeutlichen. Beispielhaft enthält das Reihenheft den Zeitungsartikel „Gefahr von oben – abbrechende Äste durch Platanenkrankheit", den man nutzen kann, wenn keine aktuellen Artikel zur Verfügung stehen. Der Artikel bietet einen kontextorientierten Unterrichtseinstieg. Die erste Aufgabe zielt darauf, die Informationen des Zeitungsartikels mit Hilfe der Methode „Spickzettel" zu sammeln und zur strukturieren. Die zweite Aufgabe stellt die Problematik der Platanenkrankheit in einen größeren Zusammenhang, indem Fragen an den Text gestellt werden sollen. Die Frage „Was sind Neobiota" ist dabei zentral und strukturiert die nachfolgende Arbeitsphase. Die nachfolgende Übersicht zeigt einen möglichen Unterrichtsablauf. Die Materialien sind den einzelnen Phasen zugeordnet.

Auf der Exkursion werden die Neobiota beobachtet und in Kurzreferaten durch einzelne Schülergruppen vorgestellt, die sich vorher im Unterricht entsprechend vorbereitet haben. Als vorteilhaft hat sich erwiesen, laminierte Abbildungen der Pflanzen und Tiere mitzubringen, da nicht immer alle Pflanzen den gewünschten Vegetationsstand haben, z.B. blühen oder Früchte tragen, und sich die meisten Tiere in gewisser Entfernung zum Menschen aufhalten, sodass Details aus den Vorträgen häufig nicht zu erkennen sind. Fotos, die Sie verwenden können, finden Sie auf unserer Homepage.

Wenn man die Exkursion nicht durch die Schülerinnen und Schüler vorbereiten lassen möchte, kann die Exkursion auch als Einstieg genutzt werden. Allerdings liegt dann die Verantwortung für die Informationen zu den einzelnen Neobiota bei der Lehrkraft.

Kontextorientierter Einstieg
Material: Zeitungsartikel - Gefahr von oben

Arbeitsteilige Vorbereitung der Exkursion
Material: Steckbriefe der Neobiota

Neobiota-Exkursion
Material: Lösungen zu den Steckbriefen für die Schülerreferate

Auswertung und Transfer
Material: Groß und gefährlich - Bewertungsaufgabe zum Riesenbärenklau

Im Anschluss an die Exkursion kann die Aufgabe zum Bärenklau dazu genutzt werden, um Handlungsoptionen des Menschen in einem Ökosystem und deren Auswirkungen zu beurteilen und im Vergleich zu Maßnahmen bei anderen Neobiota zu systematisieren.

Auf den folgenden Seiten werden die Exkursion näher vorgestellt und die Einordnungen in die Bildungsstandards und beispielhaft die einzelnen Kernlehrpläne NRW vorgenommen. Die Übertragung in die Kernlehrpläne anderer Bundesländer ist analog möglich.

Die Kompetenzen im Bereich des Fachwissens sind allen drei Basiskonzepten (System, Struktur und Funktion und Entwicklung) zuzuordnen. Für einen Schwerpunkt kann man sich je nach Unterrichtsgang entscheiden.

Für die Gesamtschule, Hauptschule und Realschule sind die prozessbezogenen Kompetenzen konkret zugeordnet. In allen Kompetenzbereichen werden aber zusätzlich übergreifende prozessbezogene Kompetenzen angesprochen. Beispielsweise kommunizieren und argumentieren die Schülerinnen und Schüler bei der Vorbereitung der Kurzreferate in verschiedenen Sozialformen und werten Informationen aus verschiedenen Quellen zielgerichtet aus. Sie stellen biologische Systeme, z. B. Organismen, sachgerecht und adressatengerecht dar, indem sie zu gesellschafts- oder alltagsrelevanten biologischen Themen referieren. Dies sind Kompetenzbeschreibungen in Anlehnung an die Kernlehrpläne aus dem Kompetenzbereich Kommunikation, die besonders durch die Recherche und die Art der Präsentation geschult werden.

Exkursion

Die Neobiota-Exkursion wurde mit Studierenden der Universität Duisburg-Essen durch die Arbeitsgruppe von Prof. Bernd Sures und als Fortbildung mit Lehrkräften aller Schulformen mehrfach erprobt. Das gewählte Exkursionsgebiet liegt in den Saarner Ruhrauen in Mülheim an der Ruhr und ist insofern ideal, als auf einem gefahrlosen Rundgang von ca. 2-3 km eine Vielzahl von Neozoen und Neophyten zu finden sind.

Die Materialien beziehen sich beispielhaft auf dieses Exkursionsgebiet und können je nach Alternative ergänzt oder abgewandelt werden. Dazu finden Sie weitere Informationen in der Liste der Neobiota Deutschlands.

Die Saarner Ruhraue in Mülheim ist ein Naturschutzgebiet, welches durch Fettwiesen, Weidebestände und den wechselnden Wasserstand der Ruhr geprägt wurde. Auch viele seltene Tier- und Pflanzenarten haben hier ihr Rückzugsgebiet. Graureiher und Eisvogel sind heimisch. Der integrierte Ruhrstrand wird als Naherholungsgebiet intensiv genutzt. Daher ist eine Exkursion am Wochenende oder in den Abendstunden ungünstig. Der Ruhrstrand bietet sich aber für eine Rast mit der Schulklasse durchaus an.

Zu allen Neobiota erhalten Sie einen Steckbrief und ein Lösungsblatt zu den folgenden Fragen:

1)   Wie wird die Art systematisch eingeordnet?
2)   Wo ist die Art ursprünglich heimisch?
3)   Wie ist die Art nach Deutschland gekommen?
4)   Wie verbreitet sich die Art?
5)   Welche Auswirkungen hat die Art auf das bestehende ökologische System?

Als Ausrüstung empfiehlt es sich, Gummistiefel und ein Fernglas mitzunehmen. Der Startpunkt der Exkursion ist in Mülheim an der Mintarder Str./ Ecke Langenfeldstr., am Anfang des Parkplatzes. Dort beginnt der Rundweg zur Ruhr, den man im Uhrzeigersinn entlang der Ruhr und parallel zur Mendener Brücke gehen kann. Eine Skizze des Exkursionsgebiets finden Sie auf unserer Homepage. Eine Bushaltestelle ist direkt auf der Mendener Brücke, von der Sie mit einer Schulklasse ca. 5 Minuten bis zum Parkplatz brauchen. Alternative Standorte für eine Neobiota-Exkursion sind je nach zu beobachtenden Arten vielfältig. Grundsätzlich eignen sich nahezu alle Standorte entlang der Ruhr bzw. Industriestandorte wie z.B. das Gelände der Zeche Zollverein.

Neophyten und Neozoen des Exkursionsgebiets	
Ahornblättrige Platane	Amerikanischer Flusskrebs
Beifußblättriges Traubenkraut	Asiatische Körbchenmuschel
Drüsiges Springkraut	Dreiecksmuschel
Japanischer Staudenknöterich	Großer Höckerflohkrebs
Kanadische Goldrute	Kanadagans
Riesenbärenklau	Nutria

Da es sich bei den Saarner Ruhrauen in Mülheim an der Ruhr um ein **Naturschutzgebiet** handelt, muss auch für eine kurzzeitige Entnahme von Tieren aus der Ruhr eine Genehmigung des Amts für Umweltschutz vorliegen. Diese können Sie bei der Stadt Mülheim zuvor formlos beantragen.

Das Hauptaugenmerk sollte während der Exkursion ganz bewusst auf den nicht einheimischen Tier- und Pflanzenarten liegen. Es können aber auch weitere ökologische Zusammenhänge und andere Tier- und Pflanzengesellschaften thematisiert werden.

Einordnung in die Kernlehrpläne und Bildungsstandards

Einordnung in den Kernlehrplan Gymnasium

Inhaltsfelder und fachliche Kontexte

Inhaltsfelder	Fachliche Kontexte
Energiefluss und Stoffkreisläufe	*Regeln der Natur*
• Veränderung von Ökosystemen durch Eingriffe des Menschen, Biotop- und Artenschutz an ausgewählten Beispielen	• Erkunden eines Ökosystems • Treibhauseffekt – die Biosphäre verändert sich
Evolutionäre Entwicklung	*Vielfalt und Veränderung – eine Reise durch die Erdgeschichte*
• Evolutionsmechanismen	• Lebewesen und Lebensräume – dauernd in Bewegung • Vielfalt der Lebewesen als Ressource

Kompetenzen:

a) Konzeptbezogene Kompetenzen zum Basiskonzept „System"

Schülerinnen und Schüler...
- erläutern die Zusammenhänge von Organismus, Population, Ökosystem und Biosphäre.
- beschreiben Eingriffe des Menschen in Ökosysteme und unterscheiden zwischen ökologischen und ökonomischen Aspekten.
- beschreiben den Schutz der Umwelt und die Erfüllung der Grundbedürfnisse aller Lebewesen sowie künftiger Generationen als Merkmale nachhaltiger Entwicklung.

b) Konzeptbezogene Kompetenzen zum Basiskonzept „Struktur und Funktion"

Schülerinnen und Schüler...
- stellen einzelne Tier- und Pflanzenarten und deren Angepasstheit an den Lebensraum dar.
- erklären Angepasstheiten von Organismen an die Umwelt.

c) Konzeptbezogene Kompetenzen zum Basiskonzept „Entwicklung"

Schülerinnen und Schüler...
- beschreiben und bewerten die Veränderungen von Ökosystemen durch Eingriffe des Menschen.
- bewerten Eingriffe des Menschen im Hinblick auf seine Verantwortung für die Mitmenschen und die Umwelt.

Einordnung in den Kernlehrplan Gesamtschule

Inhaltsfelder	Fachliche Kontexte
Ökosysteme und ihre Veränderungen (5)	
• Anthropogene Einwirkungen auf Ökosysteme	• Leben in Gewässern • Ökosysteme im Wandel
Evolutionäre Entwicklung (6)	
• Evolutionsfaktoren	• Lebewesen und Lebensräume – in ständiger Veränderung

Umgang mit Fachwissen

Die Schülerinnen und Schüler können...
- ökologische Nischen im Hinblick auf die Angepasstheit von Lebewesen an ihren Lebensraum beschreiben.
- die Artenvielfalt mit dem Basiskonzept der Entwicklung und den Konzepten der Variabilität und Angepasstheit erläutern.

Erkenntnisgewinnung

Die Schülerinnen und Schüler können…

- das verstärkte Auftreten heutiger Neophyten und Neozoen auf ökologische Veränderungen zurückführen und Folgen für Ökosysteme aufzeigen.
- den Zusammenhang zwischen der Angepasstheit von Lebewesen an einen Lebensraum und ihrem Fortpflanzungserfolg (Fitness) darstellen.

Bewertung

Die Schülerinnen und Schüler können…

- Informationen zur Klimaveränderung hinsichtlich der Informationsquellen einordnen, deren Positionen darstellen und einen eigenen Standpunkt dazu vertreten.

Einordnung in den Kernlehrplan Realschule

Inhaltsfelder	Fachliche Kontexte
Ökosysteme und ihre Veränderungen (5)	
• Veränderung von Ökosystemen	• Leben in Gewässern • Der Klimawandel – die Biosphäre verändert sich
Evolution – Vielfalt und Veränderung (8)	
• Evolutionsfaktoren	• Lebewesen und Lebensräume – ständig in Veränderung

Umgang mit Fachwissen

Die Schülerinnen und Schüler können…

- ökologische Nischen im Hinblick auf die Angepasstheit von Lebewesen an ihren Lebensraum beschreiben.
- die Artbildung mit dem Konzept der Variabilität und Angepasstheit erläutern.

Erkenntnisgewinnung

Die Schülerinnen und Schüler können…

- das massenhafte Auftreten heutiger Neobiota auf ökologische Veränderungen zurückführen und Folgen für Ökosysteme aufzeigen.
- den Zusammenhang zwischen der Angepasstheit an einen Lebensraum und der Fitness von Lebewesen beim Fortpflanzungserfolg darstellen.

Bewertung

Die Schülerinnen und Schüler können…

- Informationen zur Klimaveränderung hinsichtlich der Informationsquellen einordnen, deren Positionen darstellen und einen eigenen Standpunkt dazu vertreten.

Einordnung in den Kernlehrplan Hauptschule

Inhaltsfelder	Fachliche Kontexte
Ökosysteme und ihre Veränderung (5)	
• Veränderungen von Ökosystemen durch Klimawandel	• Leben im Wasser • Klimawandel – die Biosphäre verändert sich
Evolutionäre Entwicklung (6)	
• Evolutionsfaktoren	• Lebewesen und Lebensräume – dauernd in Veränderung

Umgang mit Fachwissen

Die Schülerinnen und Schüler können…

- ökologische Nischen im Hinblick auf die Angepasstheit von Lebewesen an ihren Lebensraum beschreiben.

Erkenntnisgewinnung

Die Schülerinnen und Schüler können...

- mit Hilfe von Zeigerorgansimen Rückschlüsse auf die Eigenschaften eines Ökosystems ziehen und die Untersuchungen in geeigneter Form dokumentieren.
- den Zusammenhang zwischen der Angepasstheit an einen Lebensraum und dem Fortpflanzungserfolg von Lebewesen (evolutionäre Fitness) darstellen.

Bewertung

Die Schülerinnen und Schüler können...

- Konflikte zwischen dem Schutz der Umwelt und den eigenen Bedürfnissen beschreiben und einen eigenen Standpunkt dazu vertreten.

Einordnung in die nationalen Bildungsstandards

Kompetenzbereich Fachwissen		
System	*Struktur und Funktion*	*Entwicklung*
Die Schülerinnen und Schüler... • erklären den Organismus und Organismengruppen als System. • beschreiben und erklären Wechselwirkungen im Organismus, zwischen Organismen sowie zwischen Organismen und unbelebter Natur.	Die Schülerinnen und Schüler... • stellen strukturelle und funktionelle Gemeinsamkeiten und Unterschiede von Organismen und Organismengruppen dar. • beschreiben und erklären die Angepasstheit ausgewählter Organismen an die Umwelt.	Die Schülerinnen und Schüler... • beschreiben artspezifische Individualentwicklung von Organismen • beschreiben ein Ökosystem in zeitlicher Veränderung. • kennen und erörtern Eingriffe des Menschen in die Natur und Kriterien für solche Entscheidungen.

Kompetenzbereich Erkenntnisgewinnung

Die Schülerinnen und Schüler...
- beschreiben und vergleichen Anatomie und Morphologie von Organismen.

Kompetenzbereich Kommunikation

Die Schülerinnen und Schüler...
- werten Informationen zu biologischen Fragestellungen aus verschiedenen Quellen zielgerichtet aus und verarbeiten diese auch mit Hilfe verschiedener Techniken und Methoden adressaten- und situationsgerecht.
- stellen biologische Systeme, z. B. Organismen, sachgerecht, situationsgerecht und adressatengerecht dar.
- erklären biologische Phänomene und setzten Alltagsvorstellungen dazu in Beziehung.

Kompetenzbereich Bewertung

Die Schülerinnen und Schüler...

- beurteilen verschiedene Maßnahmen und Verhaltensweisen zur Erhaltung der eigenen Gesundheit und zur sozialen Verantwortung.
- beschreiben und beurteilen die Auswirkungen menschlicher Eingriffe in einem Ökosystem.

Steckbriefe Pflanzen

Ahornblättrige Platane

PLATANACEAE

Platanus × hispanica

Die Ahornblättrige Platane ist um 1650 durch eine Kreuzung aus der Amerikanischen Platane (*Platanus occidentalis*) und der Morgenländischen Platane (*Platanus orientalis*) entstanden. Da sie sehr frosthart und unempfindlich gegenüber verdichteten Böden ist, sowie Luftverschmutzungen (z.B. durch Abgase) verträgt, wird sie in vielen europäischen Ländern als Straßenbaum angepflanzt.

Bei den Früchten handelt es sich um braune, kugelige Sammelfrüchte, die an einem langen Stiel hängen. Die Samen befinden sich in Nüsschen.

Platanen sind keine invasiven Neophyten. Sie tragen aber einen eingewanderten Schlauchpilz (Splanchnonema platani), der die sogenannte Massaria-Krankheit verursacht. Dadurch sterben zunächst die oberen dünnen Äste, später aber auch armdicke Äste innerhalb weniger Monate ab und verursachen erhebliche Schäden durch herabstürzende Äste oder deren Prävention, da die Platane oft als Alleebaum eingesetzt wird.

Der Pilz ist bereits seit längerer Zeit im Mittelmeerraum und in den USA bekannt und wurde erstmals 2003 in Deutschland entdeckt. Durch den heißen Sommer wurde das Auftreten des Schlauchpilzes gefördert. Wissenschaftler mutmaßen, dass sich der Erreger dank trocken-heißer Witterung und dem damit verbundenen Mangel an Wasser ausbreitet. Die Krankheit könnte demnach eine Folge des heißen Sommers 2003 sein.

Der Pilz wird durch Vögel und Insekten von Baum zu Baum übertragen, aber auch durch Schnittmaßnahmen.

Die Krankheit kann anhand verschiedener Merkmale identifiziert werden. Zum einen verfärbt sich die Rinde des befallenen Astes erst rötlich-violett, später braun, und man kann die Sporen des Pilzes als schwarzen Belag erkennen.

Um die Ausbreitung des Pilzes zu verhindern, sollten befallene Äste früh entnommen werden und ausreichend heiß kompostiert oder verbrannt werden.

Beifußblättriges Traubenkraut

ASTERACEAE (Korbblütler)

Ambrosia artemisiifolia

Das Beifußblättrige Traubenkraut stammt ursprünglich aus Nordamerika. 1860 wurde es erstmals in Deutschland gesichtet. Zusammen mit Getreide, Kleesaat, Ölfrüchten und Wolle wurde es nach Europa eingeschleppt. Im 19. Jh. wurde außerdem europäisches Saatgut mit den Samen des Traubenkrauts verfälscht, um eine Herkunft aus Nordamerika vorzutäuschen. Seit Anfang der 1990er Jahre werden in Deutschland immer häufiger Bestände der Pflanze entdeckt. Die Verbreitung der Samen nach Deutschland und Mitteleuropa geschieht durch Saat- und Futtermischungen, die Sonnenblumenkerne enthalten (z.B. Vogelfutter). Die Samen gelangen in das Futter, da das Beifußblättrige Traubenkraut als Unkraut auf den Anbauflächen wächst und die Samen aus Kostengründen nicht aus dem Futter entfernt werden. In Ungarn gilt es inzwischen als problematisches Ackerunkraut.

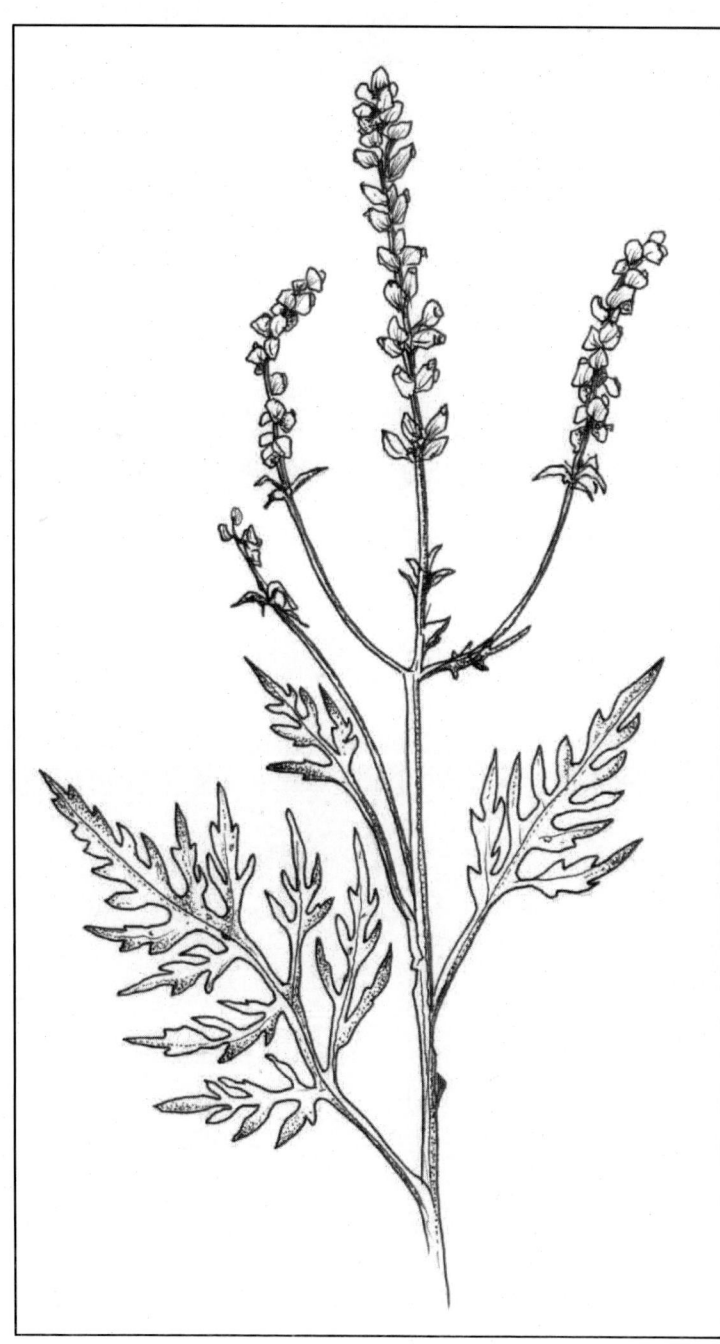

Die im Frühjahr keimende Pflanze wächst anfangs sehr langsam, durch einen Wachstumsschub im Juni erreicht sie jedoch eine Größe von bis zu 1,80 m.

Die Pollenbildung beginnt erst im Hochsommer ab Ende Juli/Anfang August. Pro Pflanze werden zwischen 3000 und 60000 Samen gebildet, über die sich die Pflanze ausschließlich fortpflanzt bevor sie beim ersten Frost im Herbst/Winter abstirbt.

Zu finden ist das Beifußblättrige Traubenkraut an gestörten Flächen wie Baustellen, Ackerrändern, Brachen, offenen Böden, Weg- und Straßenrändern. Die lange Keimfähigkeit der Samen (30 bis 40 Jahre), die sowohl über den Wind als auch von Autos und Nutzfahrzeugen verbreitet werden, macht es schwer, die Verbreitung der Pflanze zu stoppen.

Die Pollen der invasiven Pflanze gehören zu den stärksten Allergieauslösern in Deutschland, allerdings verursacht sie neben gesundheitlichen Schäden auch ökologische Probleme, da ein massives Vorkommen zu einer Bedrängung anderer Krautarten führen kann.

Drüsiges Springkraut

BALSAMINACEAE (Balsaminengewächse)

Impatiens glandulifera

Die ursprüngliche Heimat des Drüsigen Springkrauts ist der Himalaya. Im Jahr 1839 wurde es aus Kaschmir nach England gebracht und verbreitete sich im Anschluss als Zierpflanze in ganz Europa. Es gehört damit zu den hemerochoren Pflanzen, die gezielt eingeführt wurden. Allerdings importierte man das Springkraut nicht nur zum Zwecke der Dekoration. Da der Nektar für Honigbienen interessant ist, pflanzten Imker das Springkraut auch auf siedlungsfernen Standorten an.

Um 1890 entdeckte man erste wild vorkommende Pflanzen in Deutschland. Heute findet man die mit purpurroten, rosafarbenen oder weißen Blüten ausgestattete Pflanze in ganz Europa. Lediglich den Mittelmeerraum besiedelt die einjährige Pflanze nicht.

Zur Verbreitung nutzt das Drüsige Springkraut einen empfindlichen Schleudermechanismus der Früchte, der die Samen, die mehrere Jahre keimfähig bleiben, bis zu sieben Meter weit schleudert. Pro Pflanze werden 1600 bis 4300 Samen produziert, in Reinbeständen treten so bis zu 32.000 Samen pro Quadratmeter Boden auf.

Gelangen die Samen in Fließgewässer ist eine Fernausbreitung möglich.

Diese vielfältigen Verbreitungsmöglichkeiten führen zu dichten Beständen. Da das Drüsige Springkraut eine hohe Schattentoleranz aufweist, kann es sich sogar in dichter Hochstaudenvegetation etablieren. Mit einem Höhenwachstum von bis zu 2,5 Meter übertrifft es alle einheimischen Annuellen und ist damit der höchstwüchsigste einjährige Neophyt in Europa.

Das Drüsige Springkraut kann zu einer Verdrängung einheimischer Pflanzen führen, da es vor allem Bodenpflanzen Licht entzieht.

Bekämpft werden kann das Drüsige Springkraut, indem es vor der Samenreife möglichst tief abgeschnitten oder aber von Hand ausgerissen wird.

Japanischer Staudenknöterich

POLYGONACEAE (Knöterichgewächse)

Fallopia japonica

Der Japanische Staudenknöterich ist eigentlich in China, Korea und Japan beheimatet, gelangte jedoch im Jahre 1825 nach Europa. Philipp Franz von Siebold kultivierte ihn als Zier- und Viehfutterpflanze. Im 19. Jahrhundert wurde sie dann auch in den USA angepflanzt.

Durch die bewusste Einführung von Jungpflanzen zählt der Knöterich zu den hemerochoren Pflanzen. Genutzt wurde er in der Forstwirtschaft, um Rotwild als Äsungspflanze und Fasanen als Deckungspflanze zu dienen. Allerdings wird der Japanische Staudenknöterich nicht zur Äsung angenommen, zudem ist er durch den Blattfall im Winter als Deckungspflanze nicht geeignet. Bis Anfang Herbst dient er aber als exzellente Bienenweide und wird somit von Imkern gerne eingesetzt.

Heutzutage findet sich der Japanische Staudenknöterich aufgrund seines schnellen und hohen Wuchses vor allem in Gärten als Sichtschutz. Außerdem wuchert er wild an Straßenrändern und im Freiland.

Im Vergleich zur vegetativen ist die generative Vermehrung und Ausbreitung nachrangig. Rhizome ermöglichen eine effektive vegetative Ausbreitung und die schnelle Entwicklung von großen und dichten Beständen. Da die Bestände meist nur aus gleichgeschlechtlichen Exemplaren bestehen, ist eine Bestäubung nicht möglich.

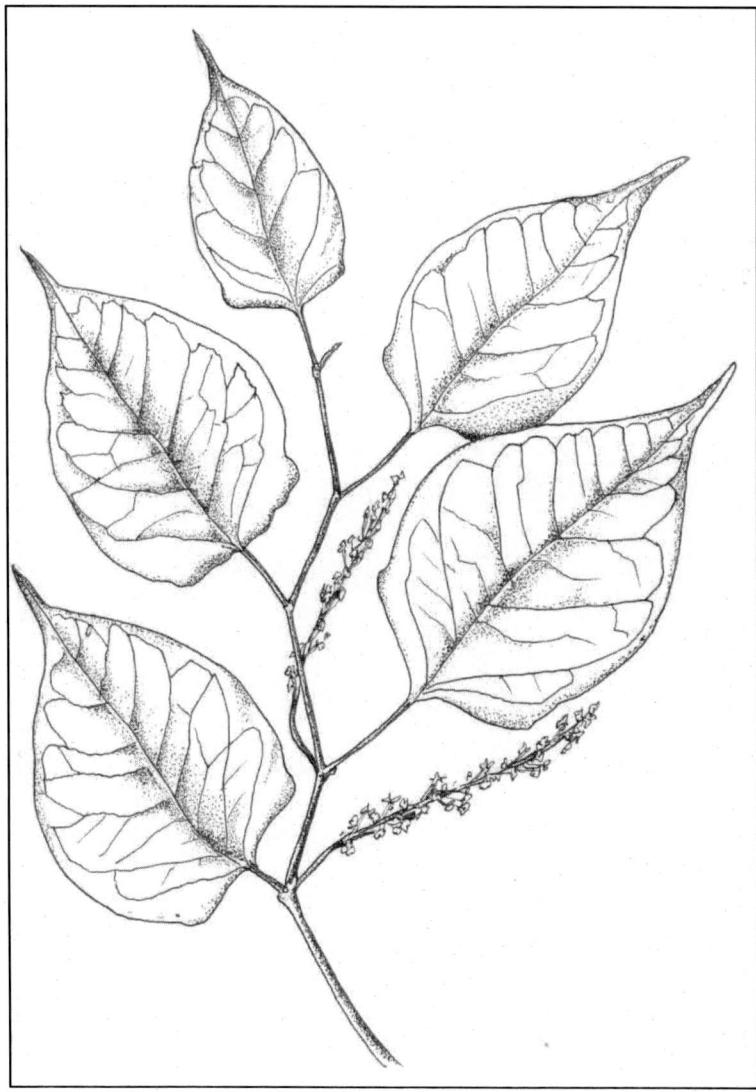

Neue Populationen können zum Beispiel aus entsorgtem Gartenabfall entstehen. Aber auch Fließgewässer können Spross- und Rhizomteile weiter transportieren. Außerdem werden bei Erdarbeiten (z.B. an Straßenrändern, Böschungen) häufig Rhizomteile verschleppt, aus denen sich gut neue Pflanzen regenerieren können.

In weiten Teilen der USA, in Kanada und in Europa gilt der Staudenknöterich als problematischer invasiver Neophyt, der in starkem Maße heimische Arten verdrängt und somit die Biodiversität gefährdet. Der Japanische Staudenknöterich ist konkurrenzstark und übertrifft einheimische Arten der gleichen Lebensform erheblich an Wuchshöhe. Schattenempfindliche Arten werden dadurch benachteiligt.

Kanadische Goldrute

ASTERACEAE (Korbblütler)

Solidago canadensis

Die kanadische Goldrute stammt aus Nordamerika und erschien erstmals im 19. Jahrhundert als Neophyt in Europa. Hier wird sie als Zierpflanze und da sie erst nach dem Hochsommer blüht, auch als Bienenweide kultiviert.

Solidago canadensis weist eine hohe Toleranz bezüglich der Nährtoff- und Wasserversorgung auf, erträgt trockene Bedingungen aber am besten. Sie besiedelt sowohl ruderale Standorte wie z.B. industrielle Brachflächen als auch naturnahe Gebiete wie z.B. Auen.

Pro Stängel kann die Kanadische Goldrute bis zu 19.000 Samen produzieren. Der Wind kann die Früchte über weite Entfernungen verbreiten. Einige Tierarten haben sich an ihr Vorkommen angepasst und tragen ebenfalls zu der Verbreitung der Pflanze bei. Vor allem Hautflügler und Fliegen profitieren von dem großen Blütenangebot, das in eine relativ blütenarme Jahreszeit fällt. Eine nachhaltige Standortbesetzung wird durch die Ausbildung von Rhizomen ermöglicht. Diese wachsen im Sommer parallel zur Bodenoberfläche aus und bilden im folgenden Herbst oder Frühjahr neue Luftsprosse.

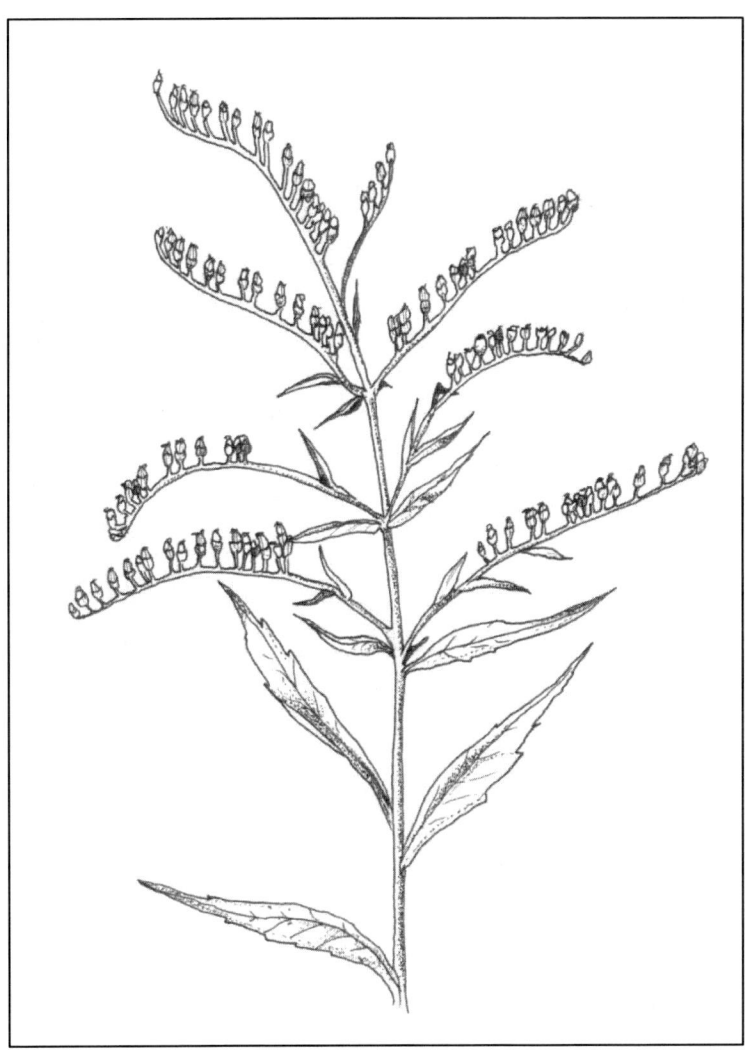

In ihrer ursprünglichen Heimat existieren zahlreiche Fraßinsekten-arten, die sich von der kanadischen Goldrute ernähren. In Europa dagegen hat sie keine natürlichen Feinde. In wärmeren Regionen, Ackerweinbergen und Magerrasen wird der Ablauf der Sukzession durch die Bestände dominiert und die einheimischen, lichtliebenden Pflanzen werden verdrängt. Insbesondere sind Pflanzen mit sehr engem Toleranzbereich für Standortschwankungen gefährdet, ebenso deren Fressfeinde. Durch eine längere Photosynthese-aktivität im Herbst hat die kanadische Goldrute Konkurrenz-vorteile gegenüber anderen Hoch-stauden.

Die Blüte im Spätsommer kann auch als Bereicherung für das Landschaftsbild angesehen werden. Außerdem toleriert die kanadische Goldrute verschiedene Schadstoffe und begünstigt teilweise deren Abbau (z. B. von chlorierten Koh-lenwasserstoffen).

Riesenbärenklau

APIACEAE (Doldenblütler)

Heracleum mantegazzianum

Der Riesenbärenklau ist ursprünglich im Kaukasus heimisch und wird deshalb auch „Kaukasischer Bärenklau" genannt. Nach Mitteleuropa gelangte er durch den russischen Zaren Alexander I, der nach dem Wiener Kongress im Jahre 1815 dem Fürsten von Metternich eine große Malachitvase gefüllt mit Samen des Riesenbärenklaus schenkte. Der Fürst pflanzte die Samen in den Treibhäusern seiner Sommerresidenz in Böhmen an. Bis heute findet man den Riesenbärenklau als Zierpflanze in Gärten und Parks.

Er wird aber auch von Imkern als Bienenweide genutzt und von Jägern als Deckungspflanze für Wild sowie zur Böschungssicherung eingesetzt, obwohl er dafür nur begrenzt geeignet ist.

Die Samenverbreitung erfolgt hauptsächlich durch Wind. Aufgrund der Schwimmfähigkeit der Samen ist auch eine Ausbreitung über Gewässer und damit eine Überwindung von größeren Entfernungen möglich. Zusätzlich können sich die Samen durch Tiere verbreiten.

Die ausgewachsene Pflanze kann Höhen bis zu 3,2 Meter erreichen und produziert durchschnittlich 21000 Früchte. Eine frühe und massenhafte Keimung verschafft ihr einen Vorsprung gegenüber möglichen Konkurrenten. Bei ungünstigen Bedingungen kann die Pflanze sogar mehrere Jahre vegetativ überdauern.

Der Riesenbärenklau kann andere einheimische Arten wie zum Beispiel den Wiesen-Bärenklau gefährden oder verdrängen, wenn diese im Vergleich im Nachteil sind.

Negative und emotionale Reaktionen bezüglich des invasiven Neophyts werden vor allem durch die erheblichen gesundheitlichen Gefahren verursacht, da der Saft des Riesenbärenklaus unangenehme Hautschädigungen hervorrufen kann.

Steckbriefe Tiere

Amerikanischer Flusskrebs

CAMBARIDAE

Orconectes limosus

Der Amerikanische Flusskrebs ist auch unter dem Namen Kamberkrebs bekannt und gehört zu der Familie der Cambaridae aus der Ordnung der Decapoda. Ursprünglich stammt der Flusskrebs aus dem Osten der USA und wurde 1890 vom preußischen Kammerherr und Sportfischer Max von dem Borne bewusst in Deutschland ausgesetzt. Er sollte den durch die Krebspest stark dezimierten Europäischen Flusskrebs ersetzen.

Die Ansprüche des Kamberkrebses an die Gewässerqualität sind sehr gering, insbesondere im Vergleich zum heimischen Edelkrebs (Europäischer Flusskrebs). Starke Verschmutzungen in industriell belasteten Gewässern können toleriert werden. So ist eine schnelle und starke Vermehrung und Verbreitung möglich. In Deutschland ist der Flusskrebs hauptsächlich in Seen und großen Flüssen mit geringer Fließgeschwindigkeit zu finden.

Der Amerikanische Flusskrebs ist der Hauptüberträger der Krebspest. Diese wird durch den Fadenpilz *Aphanomyces astaci* ausgelöst, indem der durch Häutung der Krebse ins Wasser gelangte Pilz Sporen produziert, die wiederum weitere Krebse infizieren. Es handelt sich um eine tödlich verlaufende Krankheit bei Flusskrebsen. Allerdings ist der Amerikanische Flusskrebs resistent, da körpereigene Enzyme das Aus-brechen der Krankheit verhindern. Diese Eigenschaft der amerikanischen Variante ist der europäischen stark überlegen, sodass der heimische Edelkrebs verdrängt wird. Aus diesem Grund steht dieser mittlerweile auf der Roten Liste gefährdeter Arten.

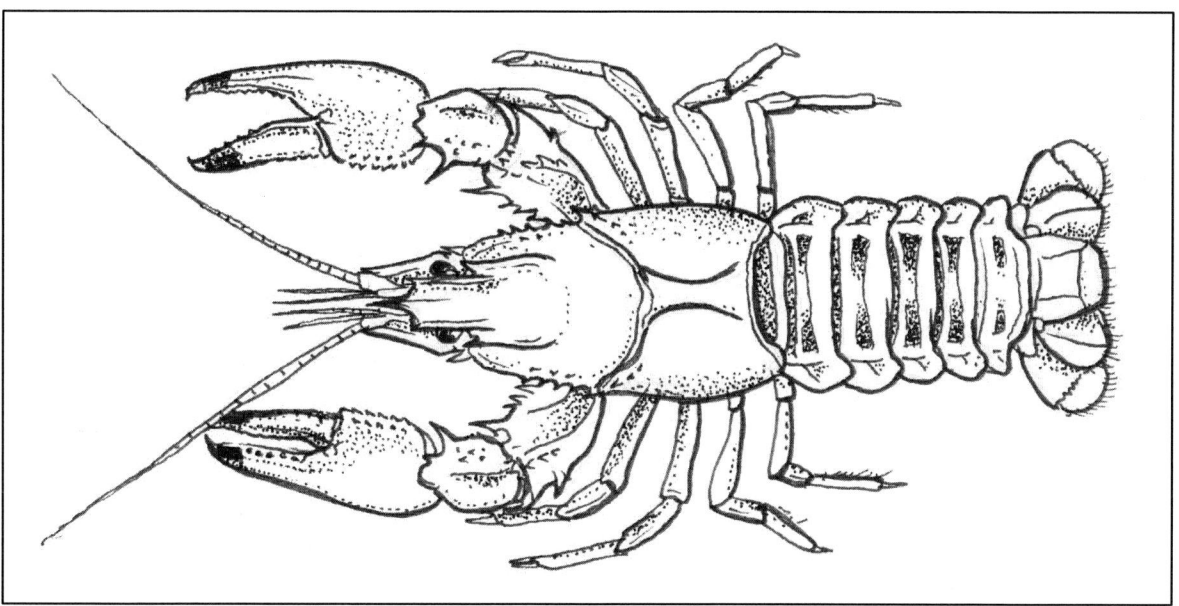

Asiatische Körbchenmuschel

CORBICULIDEA

Corbicula fluminea x Corbicula fluminalis

Bei der Asiatischen Körbchenmuschel (auch: Flusskörbchenmuschel) handelt es sich eigentlich um zwei Arten, die aus ihrem ursprünglichen Verbreitungsgebiet Südostasien nach Europa und Amerika eingewandert sind. Die zusammenfassende Bezeichnung meint dabei die Arten *Corbicula fluminea* und *Corbicula fluminalis*. Sie gehören zur Familie der Corbiculidea aus der Ordnung der Veneroida

Um 1980 gelangten beide Arten aus China und Taiwan nach Westeuropa. Allerdings ist nicht sicher, wie genau die Einschleppung erfolgte und ob beide Arten gleichzeitig einwanderten. Denkbar ist die passive Einschleppung über Ballastwasser von Handelsschiffen oder gezieltes Aussetzen aus Aquarienbeständen.

1984 wurden Muscheln in der Weser und 1988 in den Niederlanden im Rhein beobachtet. Stromaufwärts gelangten sie nach Deutschland und schon 1995 wurden sie in Basel nachgewiesen. Über den Rhein breiteten sich die beiden Arten auch in den Main und über den Main-Donau-Kanal in die Donau aus. Über weitere Kanal- und Flusssysteme besiedelte die Asiatische Körbchenmuschel ganz Deutschland bis hin zur Elbe und Oder. Im Jahr 2003 wurde die Verbreitung im Bodensee nachgewiesen.

Die Reproduktion beider Körbchenmuschelarten unterscheidet sich erheblich. *C. fluminea* ist ein simultaner Hermaphrodit während *C. fluminalis* größtenteils getrenntgeschlechtlich ist und nur ca. 3% Hermaphroditen aufweist. Die Larven von *C. fluminea* werden zwischen Mai und September ins Wasser abgegeben, Larven von *C. fluminalis* zwischen Oktober und März.

Der Einfluss der Körbchenmuschel auf bestehende Ökosysteme wird noch untersucht. Bei massivem Auftreten zeigen sich allerdings erste Veränderungen im Lebensraum, da einheimische Süßwasserschneckenarten zurückgedrängt werden.

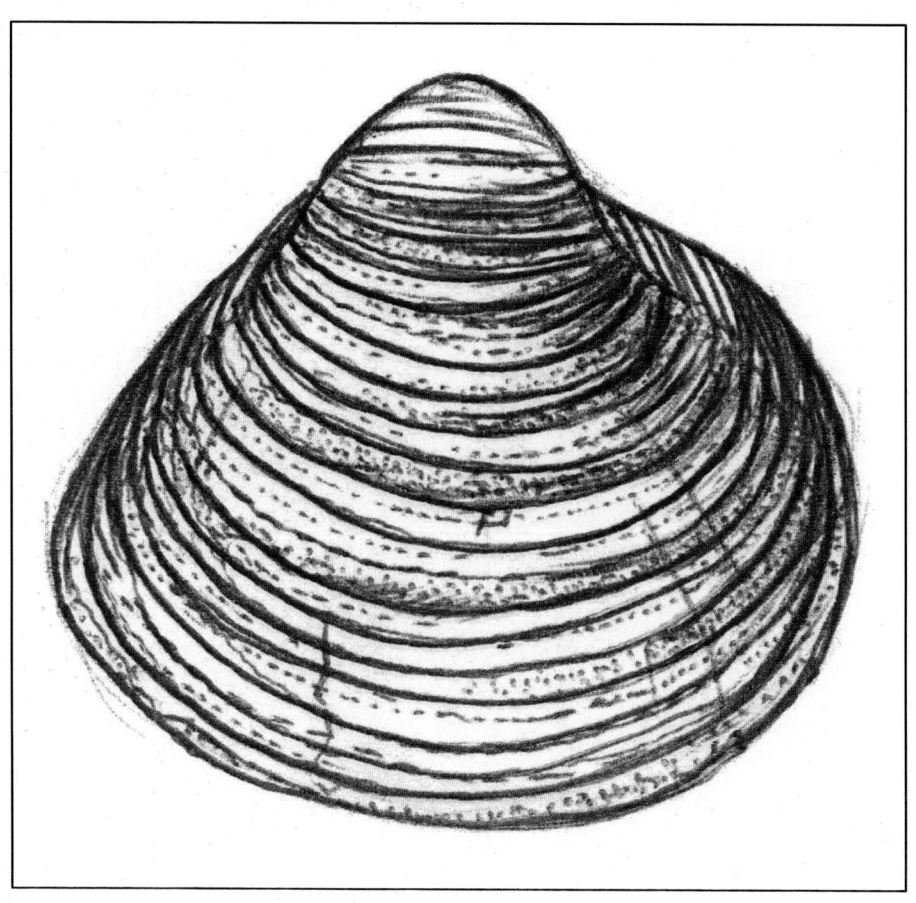

Dreiecksmuschel

DREISSENIDAE

Dreissena polymorpha

Die Dreiecksmuschel ist auch unter dem Namen Wandermuschel oder Zebramuschel bekannt und gehört zur Familie der Dreikantmuscheln aus der Ordnung der Veneroida. Sie ist ursprünglich beheimatet im Schwarzen und Kaspischen Meer. Nach Deutschland kamen die Dreiecksmuscheln hauptsächlich über den Schiffsverkehr, indem sie sich an Schiffsrümpfe geheftet haben oder als Larven über das Ballastwasser der Schiffe in den neuen Lebensraum gelangt sind.

Die Dreiecksmuschel besitzt ein hohes Reproduktionspotenzial. Sie ist eine der wenigen Süßwassermuscheln mit freilebenden Larven. Diese können leicht verschleppt werden, indem sie sich zum Beispiel in den Kiemen kleiner Wirtsfische festsetzen. Die schnelle Verbreitung der konkurrenzstarken Art führt zu einer Störung der Artenvielfalt.

Adulte Tiere heften sich insbesondere auf Hartsubstrat an und können bei Massenansammlungen viel Raum einnehmen. Die Dreiecksmuscheln heften sich auch an einheimische Großmuscheln, welche durch einen massenhaften Befall ersticken können.

Ein Massenvorkommen der Dreiecksmuschel kann außerdem zu einer starken Veränderung der Nahrungsbeziehungen im Gewässer führen, da die Muscheln für die Nahrungsaufnahme große Mengen an Wasser filtern und dadurch das Plankton reduzieren.

Die Muschel dient einigen Vögeln und Fischen als Nahrungsquelle.

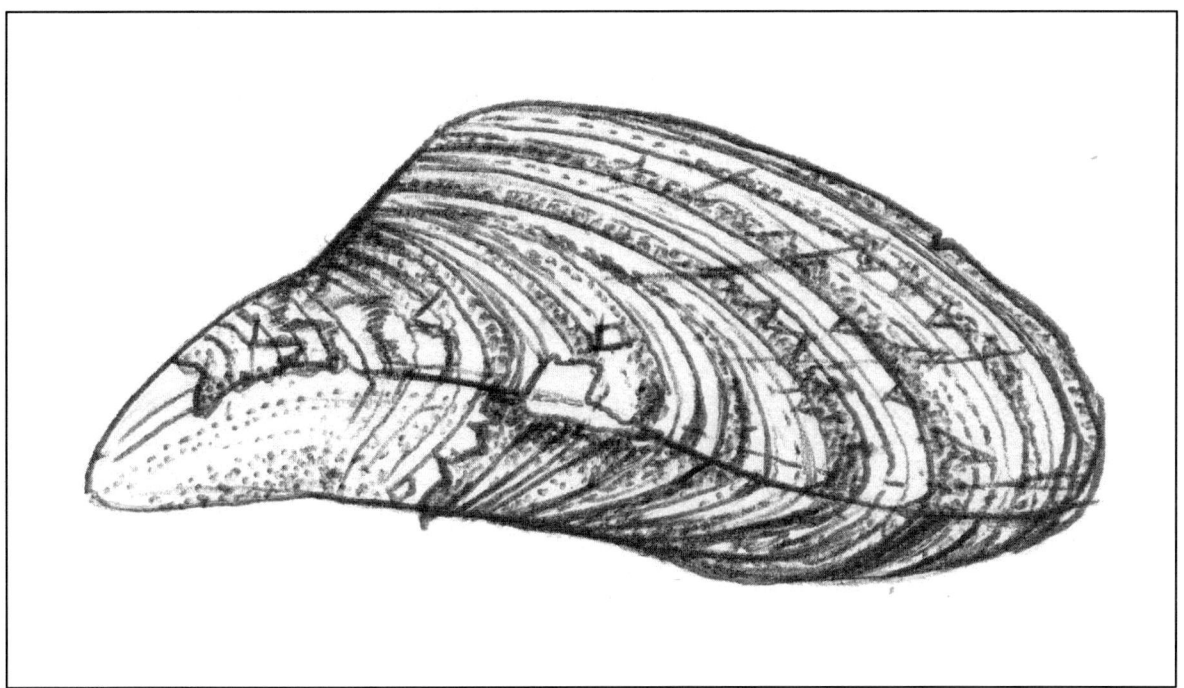

Großer Höckerflohkrebs

PONTOGAMMARIDAE

Dikerogammarus villosus

Der Große Höckerflohkrebs gehört zur Ordnung der Amphipoda und in die Familie der Pontogammaridae. Heimisch ist er in den Unterläufen der ins Schwarze Meer mündenden Flüsse. Den Weg nach Deutschland bereitete die Donau, die ausgehend vom Schwarzen Meer Lebensraum für den Großen Höckerflohkrebs bietet. Lange Zeit besiedelte die Art allerdings nur Unter- und Mittellauf. Im Jahr 1992 wurde der Flohkrebs dann erstmals in der deutschen Donau beo-bachtet. Über das deutsche Flusssystem breitete sich die Art schnell aus, sodass 1993 Beobachtungen im Main-Donau-Kanal, 1994 im Main und 1995 im Rhein gemacht wurden. Über den Rhein erreichte der Flohkrebs 2002 auch den Bodensee.

Seit 2005 beschäftigt sich das Projekt „Aquatische Neozoen im Bodensee" (ANEBO) mit der Einschleppung und Ausbreitung aquatischer Neozoen im Bodensee. Im Falle des Großen Höckerflohkrebses erfolgte die Einwanderung laut ANEBO hauptsächlich über unzureichend gereinigte und getrocknete Freizeitboote.

Der Große Höckerflohkrebs ist in vielen Kanalabschnitten dominant und sehr häufig. Gegenüber anderen Gammariden hat die Art einen Konkurrenzvorteil, da sie eine vergleichsweise enorme Größe erreicht, sowie eine längere Reproduktionsaktivität und eine kürze Entwicklungszeit besitzt. Zusätzlich ist die Zahl der Nachkommen pro Brut größer als bei einheimischen Arten.

Außerdem besitzen die Männchen kräftige Mundwerkzeuge mit denen sie andere Gewässerorganismen sowie kleine und schwache Artgenossen fressen.

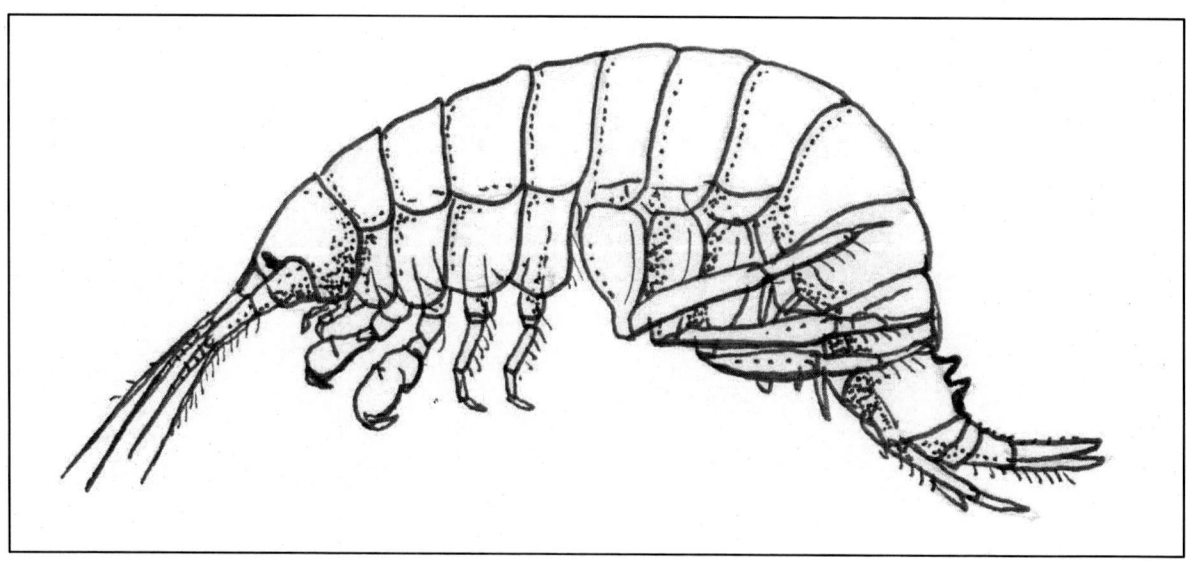

Kanadagans

ANATIDAE

Branta canadensis

Die Kanadagans stammt ursprünglich aus Nordamerika und gehört zur Familie der Anatidae aus der Ordnung der Anseriformes.

In Europa wurden sie zum Teil eingeführt oder die Populationen sind auf verwilderte Brutbestände von Parkvögeln zurückzuführen. Mittlerweile sind sie als Brutvögel in Europa fester Bestandteil des Ökosystems und bereiten als Neozoen kaum Probleme. Seit den 1970er Jahren ist die Kanadagans auch in Deutschland als Brutvogel vertreten. Hier brüten die Kanadagänse an Binnenseen und Kleingewässern.

Die Wiedereinbürgerung und Bestandserholung der in Deutschland beheimateten Graugans geht zum Teil mit einem starken Populationsanstieg von Kanadagänsen einher. Da die Arten aber unterschiedliche Ansprüche an ihre Umwelt stellen, können beide Gänse nebeneinander existieren. Aufgrund des langen Halses ist es den Kanadagänsen beispielsweise möglich, in Gewässertiefen zu gründeln, die der Graugans nicht mehr zugänglich sind. Außerdem bevorzugt die Graugans für ihre Brutreviere Habitate mit höherer Vegetation als die Kanadagans. Trotzdem führen hohe Bestandsdichten von Grau- und Kanadagänsen zu Nistplatzkonkurrenz zwischen den Arten. In diesen Regionen sind Hybride nicht selten, diese Kreuzungen sind allerdings unfruchtbar.

Nutria

MYOCASTORIDAE

Myocastor coypus

Die Nutria, auch als Biberratte bekannt, gehört zur Ordnung der Rodentia und zu der Familie der Myocastoridae. Beheimatet ist sie in Flüssen, Seen, Teichen und Sümpfen des subtropischen und gemäßigten Südamerikas.

Aufgrund ihrer Felle werden Nutrias in Deutschland in Pelztierfarmen gehalten. Da die Nagetiere eine hohe Vermehrungsrate haben, konnten geflüchtete oder freigelassene Tiere schnell eigene Populationen bilden. Mittlerweile ist die Biberratte an etlichen Gewässern im gesamten Bundesgebiet zu finden.

An den Flüssen Niers, Schwalm und Cloer am Niederrhein sowie an der Spree in Ostdeutschland sind die Populationen vergleichsweise groß und weitgehend beständig.

Häufig sind die Tiere an den Besuch von Spaziergängern gewöhnt und lassen sich daher leicht füttern. Allerdings bietet Mitteleuropa den verwilderten Farmtieren kein günstiges Klima, sodass nach strengen Wintern einige Populationen wieder zusammenbrechen. Somit findet eine wirklich starke Verbreitung in Deutschland eher nicht statt.

Nutrias können wirtschaftliche Schäden verursachen. Durch das Graben der Tiere können Dämme und Flussufer beschädigt werden. Gelegentlich wird auch von Ertragsverlusten an Nutzpflanzen (z.B. Zuckerrüben, Mais) berichtet.

Lösungen zu den Hauptfragen der Neobiota-Exkursion

Fragestellungen:

1) Wie wird die Art systematisch eingeordnet?
2) Wo ist die Art ursprünglich heimisch?
3) Wie ist die Art nach Deutschland gekommen?
4) Wie verbreitet sich die Art?
5) Welche Auswirkungen hat die Art auf das bestehende ökologische System?

Ahornblättrige Platane

1) Familie: Platanaceae (Platanengewächse)

   Platanus × hispanica

2)
- Die Ahornblättrige Platane ist um 1650 durch eine Kreuzung aus der Amerikanischen Platane (*Platanus occidentalis*) und der Morgenländischen Platane (*Platanus orientalis*) entstanden.

3)
- Sie wird in vielen europäischen Ländern als Straßenbaum angepflanzt, da sie sehr frosthart sowie unempfindlich gegenüber verdichteten Böden und Luftverschmutzung (z.B. durch Abgase) ist.

4)
- Bei den Früchten handelt es sich um braune, kugelige Sammelfrüchte, die an einem langen Stiel hängen.
- Die Samen befinden sich in Nüsschen.

5)
- Platanen sind keine invasiven Neophyten.
- Sie tragen aber einen eingewanderten Schlauchpilz *(Splanchnonema platani)*, der die sogenannte **Massaria-Krankheit** verursacht.
- Dadurch sterben zunächst die oberen dünnen Äste, später aber auch armdicke Äste innerhalb weniger Monate ab und verursachen erhebliche Schäden durch herabstürzende Äste oder deren Prävention, da die Platane oft als Alleebaum eingesetzt wird.

1)   Wie wird die Art systematisch eingeordnet?
2)   Wo ist die Art ursprünglich heimisch?
3)   Wie ist die Art nach Deutschland gekommen?
4)   Wie verbreitet sich die Art?
5)   Welche Auswirkungen hat die Art auf das bestehende ökologische System?

Beifußblättriges Traubenkraut

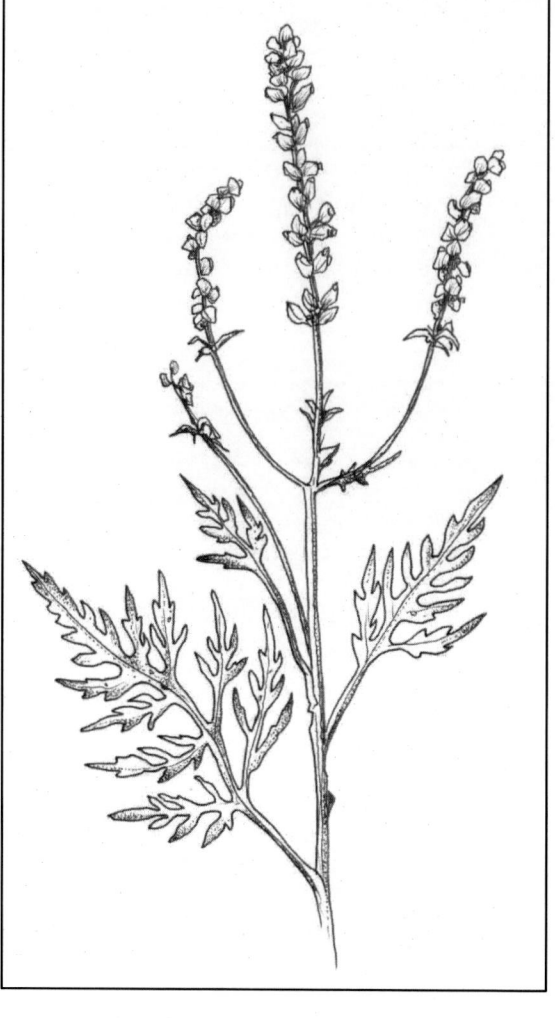

1) Familie: Asteraceae (Korbblütler)

   Ambrosia artemisiifolia

2)

- Das Beifußblättrige Traubenkraut stammt ursprünglich aus Nordamerika.

3)

- 1860 wurde es erstmals in Deutschland gesichtet.
- Zusammen mit Getreide, Kleesaat, Ölfrüchten und Wolle wurde es nach Europa eingeschleppt.
- Im 19. Jh. wurde europäisches Saatgut mit den Samen des Traubenkrauts verfälscht, um eine Herkunft aus Nordamerika vorzutäuschen.
- Seit Anfang der 1990er Jahre werden in Deutschland immer häufiger Bestände der einjährigen Pflanze entdeckt.
- Die Verbreitung der Samen nach Deutschland und Mitteleuropa geschieht heute durch Saat- und Futtermischungen, die Sonnenblumenkerne enthalten (z.B. Vogelfutter).
- In Ungarn gilt es inzwischen als problematisches Ackerunkraut.

4)
- Die Vermehrung erfolgt ausschließlich über Samen.
- Pro Pflanze können 3000 bis 6000 Samen gebildet werden, welche lange keimfähig sind (30 bis 40 Jahre).
- Die Samen werden sowohl über den Wind als auch von Autos und Nutzfahrzeugen verbreitet.
- Die Verbreitung der Samen erfolgt außerdem heute durch Saat- und Futtermischungen, die Sonnenblumenkerne enthalten (z.B. Vogelfutter).

5)
- Das Beifußblättrige Traubenkraut ist eine invasive Pflanze, deren Pollen zu den stärksten Allergieauslösern gehören.
- Es besiedelt gestörte Flächen wie Baustellen, Ackerränder, Brachen, offene Böden, Weg- und Straßenränder.
- Ein massives Vorkommen kann zu einer Verdrängung anderer Krautarten führen.
- Durch die lange Keimfähigkeit der Samen von 30 bis 40 Jahren ist eine Beseitigung der Pflanze sehr schwierig.

Fragestellungen:

1) Wie wird die Art systematisch eingeordnet?
2) Wo ist die Art ursprünglich heimisch?
3) Wie ist die Art nach Deutschland gekommen?
4) Wie verbreitet sich die Art?
5) Welche Auswirkungen hat die Art auf das bestehende ökologische System?

Drüsiges Springkraut

1) Familie: Balsaminaceae
(Balsaminengewächse)

Impatiens glandulifera

2)
- Das Drüsige Springkraut ist im Himalaya heimisch.

3)
- Das Springkraut wurde erstmals 1839 aus Kaschmir nach England eingeführt und wurde anschließend in ganz Europa als Zierpflanze verbreitet.
- Es gehört damit zu den hemerochoren Pflanzen.
- Als beliebte Gartenpflanze wurde es in vielen Gärten und Parkanlagen angesät.
- In den Neunzigerjahren des 19. Jahrhunderts wurden erste wild vorkommende Pflanzen in Deutschland entdeckt.
- Heute ist das Drüsige Springkraut bis auf das Mittelmeergebiet in ganz Europa zu finden.
- Der Import erfolgte nicht nur als Zierpflanze, sondern auch wegen zur Nutzung als Bienenfutterpflanze.

4)
- Die Verbreitung erfolgt über einen empfindlichen Schleudermechanismus der Früchte, wodurch die Samen bis zu 7 Meter weit geschleudert werden können.
- Pro Pflanze werden zwischen 1600 und 4300 Samen produziert, die mehrere Jahre keimfähig bleiben können.
- Wenn die Samen in Fließgewässer gelangen, ist eine Fernausbreitung möglich.
- Das Drüsige Springkraut ist eine beliebte Gartenpflanze und wird in Gärten und Parkanlagen angesät.

5)
- Einheimische Pflanzen können durch die dichten Bestände verdrängt werden.
- Die Bekämpfung ist schwierig und zeitaufwändig, da die einzelnen Pflanzen vor Samenreife entweder von Hand ausgerissen oder knapp über Bodenhöhe abgeschnitten werden müssen.

Fragestellungen:

1) Wie wird die Art systematisch eingeordnet?
2) Wo ist die Art ursprünglich heimisch?
3) Wie ist die Art nach Deutschland gekommen?
4) Wie verbreitet sich die Art?
5) Welche Auswirkungen hat die Art auf das bestehende ökologische System?

Japanischer Staudenknöterich

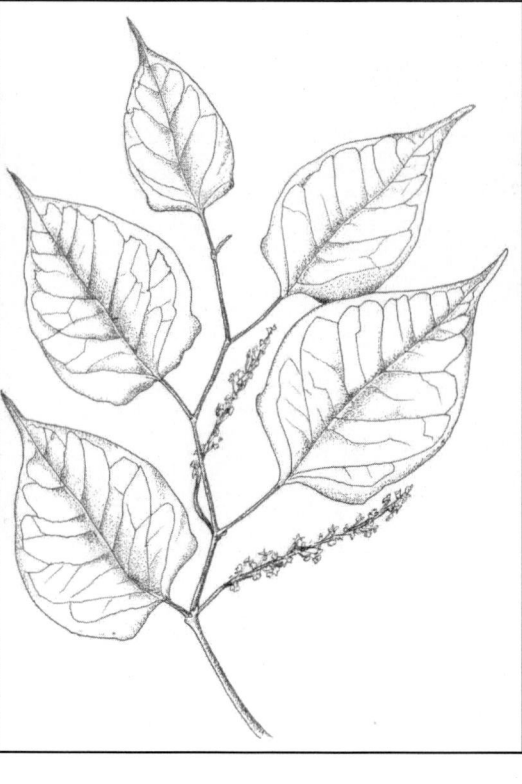

1) Familie: Polygonaceae (Knöterichgewächse)

   Fallopia japonica

2)
   - Ursprünglich ist der Japanische Staudenknöterich in Ostasien, genauer in China, Korea und Japan, heimisch.

3)
   - Um 1825 wurde er als Zier- und Viehfutterpflanze von Philipp Franz von Siebold in Europa kultiviert.
   - Aufgrund dieser bewussten Einführung von Jungpflanzen zählt der Japanische Staudenknöterich zu den hemerochoren Pflanzen.
   - In der Forstwirtschaft hat man die Pflanze gezielt angebaut, da sie dem Rotwild als Äsungspflanze und den Fasanen als Deckungspflanze dienen sollte.
   - Die Pflanze wird zur Äsung aber nicht angenommen
   - Durch den Blattfall im Winter ist sie auch als Deckungspflanze ungeeignet
   - Imker waren ebenfalls an der Ausbreitung beteiligt, da der Japanische Staudenknöterich bis Anfang Herbst eine exzellente Bienenweide darstellt.
   - Heute findet man die Pflanze in Mitteleuropa hauptsächlich wegen des schnellen und hohen Wuchses als Sichtschutz in Gärten, aber auch an Straßenrändern und im Freiland wild wuchernd.

4)
   - In den neuen Lebensräumen spielt die generative Vermehrung durch Samen eine untergeordnete Rolle.
   - Die Bestände bestehen so meist nur aus gleichgeschlechtlichen Exemplaren, sodass eine Bestäubung nicht möglich ist.
   - Rhizome ermöglichen eine effektive vegetative Ausbreitung und die schnelle Entwicklung von großen und dichten Beständen.
   - Neue Populationen können z.B. aus entsorgtem Gartenabfall entstehen.
   - Fließgewässer können Spross- und Rhizomteile weiter transportieren.
   - Bei Erdarbeiten (z.B. an Straßenrädern, Böschungen) werden häufig Rhizomteile verschleppt, aus denen sich gut neue Pflanzen regenerieren können.

5)
   - Der Japanische Staudenknöterich gilt in weiten Teilen der USA, Kanada und Europa als problematischer invasiver Neophyt.
   - Er verdrängt in starkem Maße andere Arten und gefährdet damit die Biodiversität.
   - Die Pflanze ist konkurrenzstark und übertrifft einheimische Arten der gleichen Lebensform erheblich an Wuchshöhe, wodurch schattenempfindliche Arten benachteiligt werden.

1)   Wie wird die Art systematisch eingeordnet?
2)   Wo ist die Art ursprünglich heimisch?
3)   Wie ist die Art nach Deutschland gekommen?
4)   Wie verbreitet sich die Art?
5)   Welche Auswirkungen hat die Art auf das bestehende ökologische System?

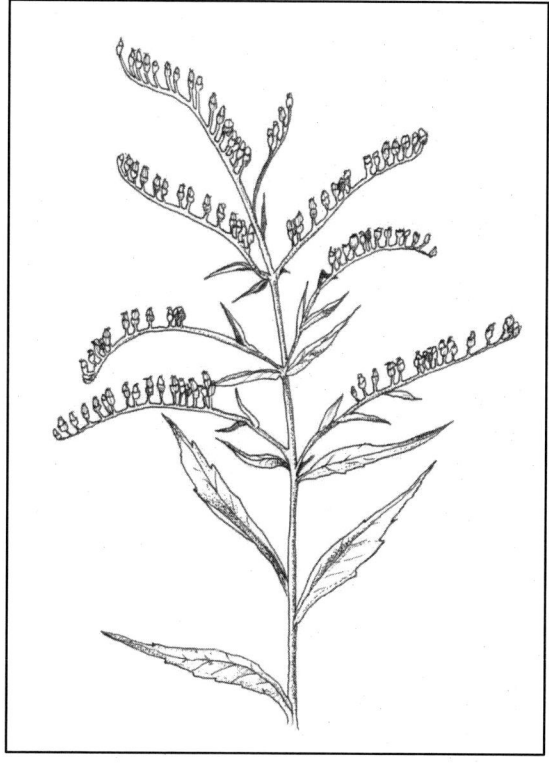

Kanadische Goldrute

1)   Familie: Asteraceae (Korbblütler)

        Solidago canadensis

2)
- Die Kanadische Goldrute stammt aus Nordamerika.

3)
- Sie erschien erstmals im 19. Jahrhundert als Neophyt in Europa und wurde seitdem als Zierpflanze und Bienenweide kultiviert.

4)
- Die Kanadische Goldrute kann bis zu 19.000 Samen produzieren.
- Der Wind kann die Früchte weit verbreiten.
- Auch Tiere können zu der Verbreitung beitragen. Sie werden durch die Blüten angelockt.
- Eine nachhaltige Standortbesetzung ermöglicht die Ausbildung von Rhizomen aus dehnen sich neue Luftsprosse entwickeln können.

5)
- In Europa gibt es keine natürlichen Feinde im Gegensatz zu dem heimischen Nordamerika, wo es zahlreiche Insektenarten gibt, die sich von der Pflanze ernähren.
- In wärmeren Regionen wird der Ablauf der Sukzession durch die Bestände dominiert und die einheimischen, lichtliebenden Pflanzen verdrängt.
- Pflanzen mit sehr engem Bereich für Standortschwankungen sind gefährdet, genau wie deren Fraßfeinde.
- Andererseits haben sich einige Tiere an das Vorkommen der Kanadischen Goldrute angepasst und profitieren von dem großen Blütenangebot in einer relativ blütenarmen Jahreszeit (wie z.B. Hautflügler und Fliegen).
- Die im Spätsommer blühende Pflanze kann auch als Bereicherung für das Landschaftsbild angesehen werden.
- Sie toleriert verschiedene Schadstoffe und kann teilweise deren Abbau begünstigen.

Fragestellungen:

1) Wie wird die Art systematisch eingeordnet?
2) Wo ist die Art ursprünglich heimisch?
3) Wie ist die Art nach Deutschland gekommen?
4) Wie verbreitet sich die Art?
5) Welche Auswirkungen hat die Art auf das bestehende ökologische System?

Riesenbärenklau

1)   Familie: Apiaceae (Doldenblütler)

Heracleum mantegazzianum

2)
- Der Riesenbärenklau stammt aus dem Kaukasus und wird deshalb auch „Kaukasischer Bärenklau" genannt.

3)
- Durch den russischen Zaren Alexander I. gelangte er nach Mitteleuropa.
- Alexander I. schenkte dem Fürsten Metternich nach dem Wiener Kongress (1815) eine große mit den Samen gefüllte Malachitvase.
- Fürst Metternich pflanzte die Samen in den Treibhäusern seiner Sommerresidenz in Böhmen im Schloss Königswart als Zierpflanze an.
- Bis heute findet man den Riesenbärenklau als Zierpflanze in Gärten und Parks.

4)
- Er wird von Imkern als Bienenweide genutzt.
- Von Jägern wird er als Deckungspflanze für Wild sowie zur Böschungssicherung eingesetzt, obwohl er dafür nur begrenzt geeignet ist.
- Er wird in Gärten angepflanzt und kann sich durch Gartenabfälle ausbreiten.
- Die Samenverbreitung erfolgt hauptsächlich durch Wind.
- Aufgrund der Schwimmfähigkeit der Samen ist auch eine Ausbreitung über Gewässer und damit eine Überwindung von größeren Entfernungen möglich.
- Die Samen können sich durch Tiere verbreiten.
- Die Pflanze produziert durchschnittlich 21000 Früchte und damit eine große Menge an Diasporen.
- Bei ungünstigen Bedingungen kann die Pflanze sogar mehrere Jahre vegetativ überdauern.

5)
- Der Riesen-Bärenklau gilt als invasiver Neophyt.
- Negative, emotionale Reaktionen in Bezug auf die Pflanze werden vor allem durch die erheblichen gesundheitlichen Gefahren verursacht.
- Der Saft des Riesenbärenklaus kann unangenehme Hautschädigungen hervorrufen.
- Der Riesenbärenklau kann andere einheimische Arten wie zum Beispiel den Wiesen-Bärenklau gefährden oder verdrängen, wenn diese im Vergleich im Nachteil sind.

Fragestellungen:

1) Wie wird die Art systematisch eingeordnet?
2) Wo ist die Art ursprünglich heimisch?
3) Wie ist die Art nach Deutschland gekommen?
4) Wie verbreitet sich die Art?
5) Welche Auswirkungen hat die Art auf das bestehende ökologische System?

Amerikanischer Flusskrebs

1) Ordnung: Decapoda
   Familie: Cambaridae

   Orconectes limosus

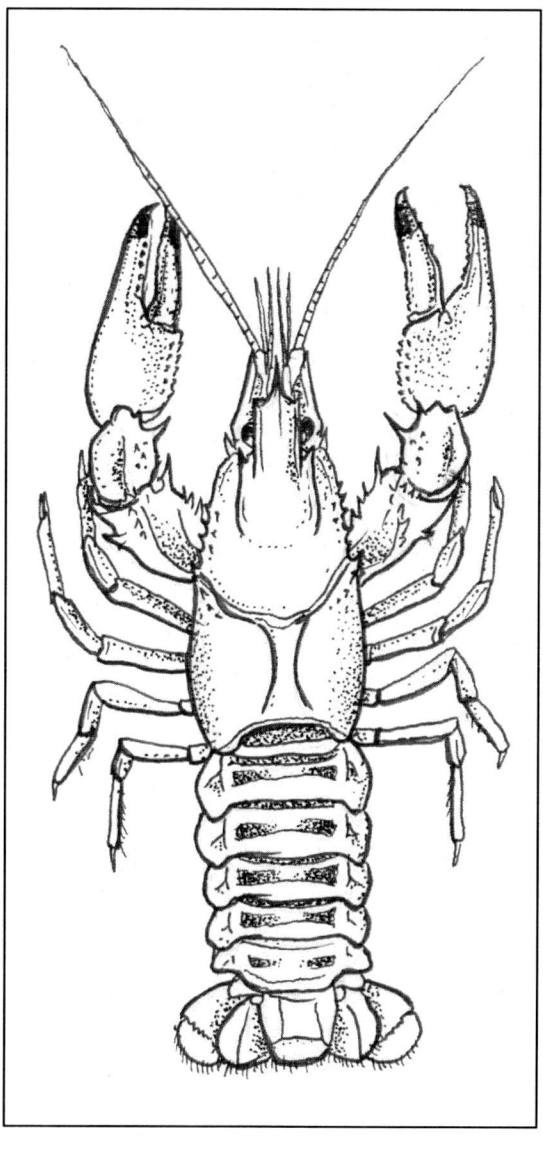

2)
- Der Amerikanische Flusskrebs oder auch Kamberkrebs stammt ursprünglich aus dem Osten der USA.

3)
- Der Kamberkrebs wurde 1890 vom preußischen Kammerherr Max von dem Borne bewusst in Deutschland ausgesetzt.
- Er sollte den durch die Krebspest stark dezimierten Europäischen Flusskrebs ersetzen.

4)
- Die Ansprüche an die Gewässerqualität sind sehr gering, besonders im Vergleich zum heimischen Edelkrebs.
- Auch starke Verschmutzungen in industriell belasteten Gewässern können toleriert werden.
- Dies führte zu einer schnellen und starken Vermehrung.
- Vorkommen hauptsächlich in Seen und großen Flüssen mit geringer Fließgeschwindigkeit.

5)
- Der Kamberkrebs ist der Hauptüberträger der Krebspest.
- Die Krebspest wird durch den Fadenpilz *Aphanomyces astaci* ausgelöst.
  (Mit der Häutung des Krebses gelangt der Pilz in das Wasser und beginnt mit der Produktion der Sporen, welche weitere Krebse infizieren)
- Amerikanische Krebse sind resistent gegen die Krebspest, da körpereigene Enzyme fast immer ein Ausbrechen der Krankheit verhindern.
- Durch diese starke Konkurrenzüberlegenheit hat der Amerikanische Flusskrebs den Europäischen Flusskrebs stark verdrängt.
- Der deutsche Edelkrebs steht deshalb mittlerweile auf der Roten Liste gefährdeter Arten.

Fragestellungen:

1) Wie wird die Art systematisch eingeordnet?
2) Wo ist die Art ursprünglich heimisch?
3) Wie ist die Art nach Deutschland gekommen?
4) Wie verbreitet sich die Art?
5) Welche Auswirkungen hat die Art auf das bestehende ökologische System?

Asiatische Körbchenmuschel

1) Ordnung: Veneroida
   Familie: Corbiculidea

   Corbicula fluminea & *Corbicula fluminalis*

2)
   - Beide Arten kommen ursprünglich aus China und Taiwan.

3)
   - Um 1980 gelangten beide Arten nach Westeuropa.
   - Es ist ungeklärt, auf welche Weise und ob die beiden Arten gleichzeitig eingeschleppt wurden.
   - Am wahrscheinlichsten gilt die passive Einschleppung über Ballastwasser von Schiffen oder auch ein gezieltes Aussetzen aus Aquarienbeständen.
   - 1984 wurden sie in der Weser, 1988 in den Niederlanden im Rhein nachgewiesen.
   - Von den Niederlanden aus gelangten sie stromaufwärts nach Deutschland und 1995 bereits nach Basel.
   - Vom Rhein aus gelangten sie in den Main, wo sie sich über den Main-Donau-Kanal in die Donau ausbreiteten.
   - Über Kanalsysteme besiedelten sie von Westdeutschland aus auch die Mitte und den Osten Deutschlands über die Weser bis in die Elbe und die Oder.
   - Im Jahr 2003 wurde sie ebenfalls im Bodensee nachgewiesen.

4)
   - Beide Körbchenmuschelarten besitzen stark unterschiedliche Reproduktionsweisen:
     - C. fluminea ist ein simultaner Hermaphrodit.
     - C. fluminalis ist weitgehend getrennt-geschlechtlich und weist nur ca. 3 % Hermaphroditen auf.
   - Schlüpfenden Larven von C. fluminea haben eine Schalenlänge von ca. 200 μm und werden zwischen Mai und September ins Wasser abgegeben.
   - Larven von C. fluminalis werden zwischen Oktober und März freigesetzt.

5)
   - Der Einfluss der Körbchenmuschel auf die bestehenden Ökosysteme wird noch erforscht.
   - Bei massivem Auftreten zeigen sich erste Veränderungen im Lebensraum, bei der einheimische Süßwasserschneckenarten zurückgedrängt werden.

Fragestellungen:

1) Wie wird die Art systematisch eingeordnet?
2) Wo ist die Art ursprünglich heimisch?
3) Wie ist die Art nach Deutschland gekommen?
4) Wie verbreitet sich die Art?
5) Welche Auswirkungen hat die Art auf das bestehende ökologische System?

Dreiecksmuschel

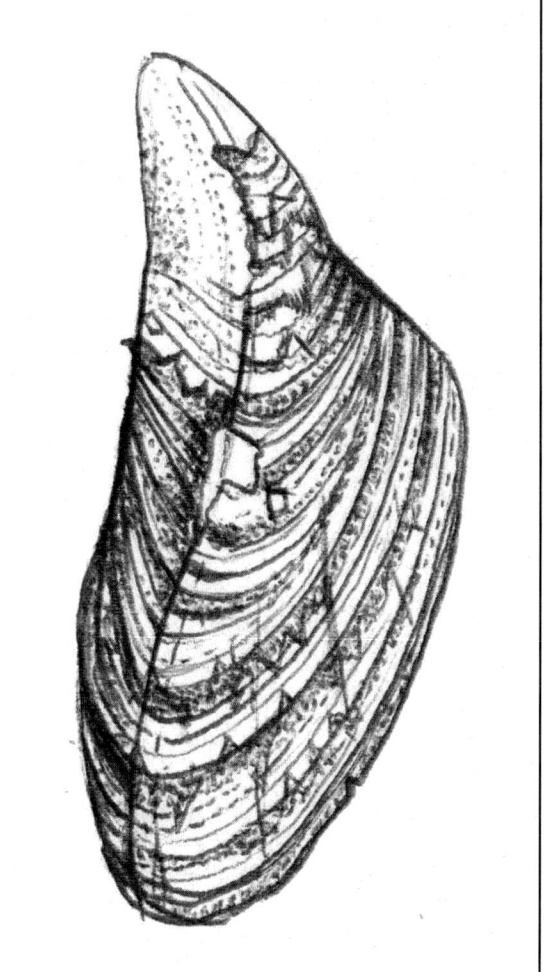

1) Ordnung: Veneroida
Familie: Dreikantmuscheln

Dreissena polymorpha

2)
- Die Dreiecksmuschel stammt ursprünglich aus dem Schwarzen- und Kaspischen Raum.

3)
- Die Einschleppung nach Europa erfolgte hauptsächlich durch den Schiffverkehr (Anheftung an Schiffsrümpfe oder als Larven über das Ballastwasser der Schiffe).

4)
- Die Dreiecksmuschel besitzt ein hohes Reproduktionspotenzial.
- Sie hat freilebende Larven, die zu einer schnellen Verbreitung beitragen, indem sie sich z.B. sich in den Kiemen kleiner Wirtsfische festsetzen.

5)
- Adulte Tiere heften sich insbesondere auf Hartsubtrat an und können bei Massenansammlungen viel Raum einnehmen.
- Sie heften sich auch an einheimische Großmuscheln, welche durch einen massenhaften Befall ersticken können.
- Ein Massenvorkommen der Dreiecksmuschel kann zu einer starken Veränderung der Nahrungsbeziehungen im Gewässer führen, da die Muscheln für die Nahrungsaufnahme große Mengen an Wasser filtern und dadurch das Plankton reduzieren.
- Die Muschel dient einigen Vögeln und Fischen als Nahrungsquelle.

Fragestellungen:

1) Wie wird die Art systematisch eingeordnet?
2) Wo ist die Art ursprünglich heimisch?
3) Wie ist die Art nach Deutschland gekommen?
4) Wie verbreitet sich die Art?
5) Welche Auswirkungen hat die Art auf das bestehende ökologische System?

Großer Höckerflohkrebs

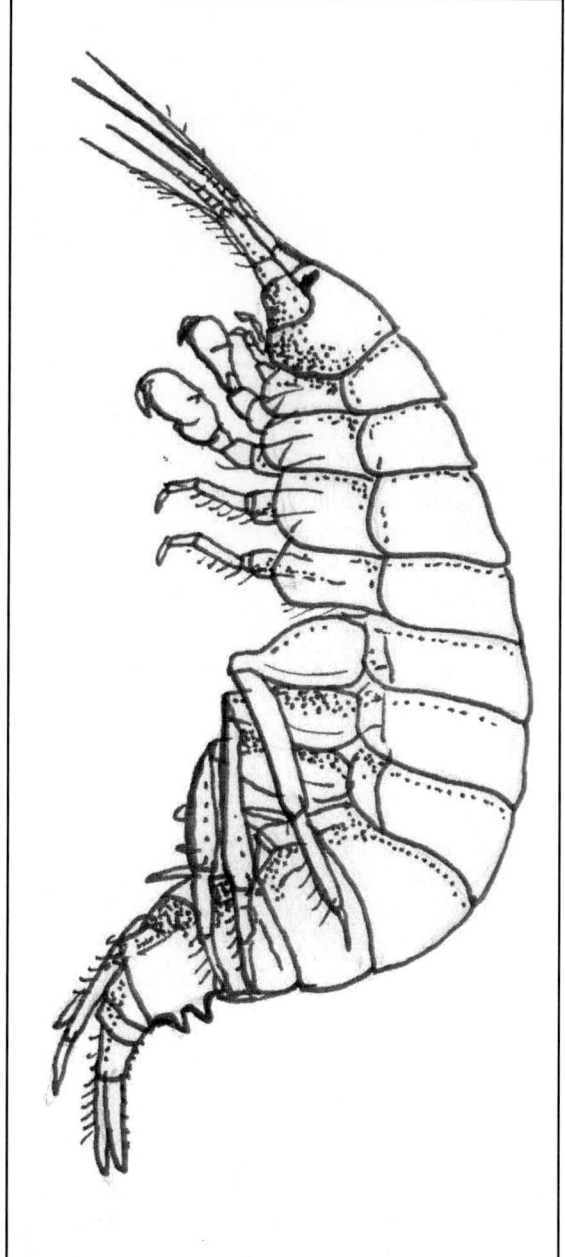

1) Ordnung: Amphipoda
   Familie: Pontogammaridae

   Dikerogammarus villosus

2)
- Der Große Höckerflohkrebs ist ursprünglich in den Unterläufen der ins Schwarze Meer mündenden Flüsse verbreitet.

3)
- Er besiedelte ausgehend vom Schwarzen Meer die Donau, aber lange Zeit nur bis zum Mittellauf.
- 1992 wurde er erstmals in der deutschen Donau beobachtet, 1993 im Main-Donau-Kanal, 1994 im Main und 1995 im Rhein.
- 2002 erreichte er über den Rhein den Bodensee.

4)
- Projekte wie „Aquatische Neozoen im Bodensee", kurz ANEBO, befassen sich seit 2005 mit der Einschleppung und Ausbreitung aquatischer Neozoen im Bodensee.
- Einschleppung des großen Höckerflohkrebs erfolgt laut ANEBO hauptsächlich über unzureichend gereinigte und getrocknete Freizeitboote.

5)
- Der Große Höckerflohkrebs ist in vielen Kanalabschnitten dominant und sehr häufig.
- Er hat gegenüber einheimischen Arten einen Konkurrenzvorteil (vergleichsweise enorme Größe, längere Reproduktionsaktivität, kürzere Entwicklungszeit, höhere Zahl der Nachkommen pro Brut).
- Die Männchen besitzen kräftige Mundwerkzeuge mit denen sie andere Gewässerorganismen sowie kleine und schwache Artgenossen fressen.

Fragestellungen:

1)   Wie wird die Art systematisch eingeordnet?
2)   Wo ist die Art ursprünglich heimisch?
3)   Wie ist die Art nach Deutschland gekommen?
4)   Wie verbreitet sich die Art?
5)   Welche Auswirkungen hat die Art auf das
     bestehende ökologische System?

Kanadagans

1)   Ordnung: Anseriformes
     Familie: Anatidae

     Branta canadensis

2)
- Ursprünglich stammt die Kanadagans aus Nordamerika.

3)
- Seit den 1970er Jahren ist die Kanadagans auch in Deutschland als Brutvogel vertreten.
- Zum Teil wurden die Kanadagänse eingeführt oder aber die Populationen sind auf verwilderte Brutbestände von Parkvögeln zurückzuführen.
- Die erfolgreiche Wiedereinbürgerung und Bestandserholung der Graugans fällt teilweise mit einem starken Populationsanstieg von Kanadagänsen zusammen.

4)
- Mittlerweile sind die Kanadagänse als Brutvögel in Europa fester Bestandteil des Ökosystems.
- Hier brüten sie an Binnenseen und Kleingewässern. Voraussetzung für die Etablierung eines Brutreviers ist das Vorhandensein von Grünflächen für die Nahrungssuche.
- Die Wiedereinbürgerung der Graugans führt teilweise auch zu einem Populationsanstieg von Kanadagänsen.

5)
- Regionen mit einer hohen Bestandsdichte an Grau- und Kanadagänsen führen zu hoher Nistplatzkonkurrenz zwischen den beiden Arten
- In diesen Regionen sind Hybride zwischen Graugans und Kanadagans häufig zu beobachten. Diese Kreuzungen sind unfruchtbar.
- Kanadagänse haben sich als unproblematische Neozoen erwiesen.

Fragestellungen:

1) Wie wird die Art systematisch eingeordnet?
2) Wo ist die Art ursprünglich heimisch?
3) Wie ist die Art nach Deutschland gekommen?
4) Wie verbreitet sich die Art?
5) Welche Auswirkungen hat die Art auf das bestehende ökologische System?

Nutria

1) Ordnung: Rodentia
   Familie: Myocastoridae

   Myocastor coypus

2)
- Die ursprüngliche Heimat sind Flüsse, Seen, Teiche und Sümpfe des subtropischen und gemäßigten Südamerikas.

3)
- In Deutschland wurden Nutrias wegen ihrer Felle in Pelztierfarmen gehalten.
- Aus den Pelzfarmen geflüchtete oder freigelassene Tiere konnten aufgrund ihrer hohen Vermehrungsrate sehr schnell eigene Populationen bilden.

4)
- In Deutschland ist die Nutria an etlichen Gewässern in allen Bundesländern zu finden.
- Große und weitgehend beständige Populationen gibt es unter anderem an den Flüssen Niers, Schwalm und Cloer am Niederrhein und an der Spree im Osten Deutschlands, insbesondere im Spreewald.

5)
- Häufig sind die Tiere an den Besuch von Spaziergängern gewöhnt und lassen sich ohne viel Scheu füttern.
- Eine starke Verbreitung findet in Deutschland allerdings nicht statt, da Mitteleuropa den verwilderten Farmtieren kein günstiges Klima bietet.
  Manche Populationen brechen daher nach strengen Wintern wieder zusammen.

Liste weiterer Neobiota Deutschlands

Deutscher Name	Wissenschaftlicher Name	Auswirkungen (ö=ökologische, w=wirtschaftliche, g=gesundheitliche)
Amerikanische Kultur-Heidelbeere	Vaccinium angustifolium x corymbosum	• verdrängt durch Beschattung die Bodenvegetation (ö) • in Kiefernforsten werden Forstarbeiten durch die undurchdringlichen Strauchschichten erschwert (w)
Amerikanischer Stinktierkohl	Lysichiton americanus	• verdrängt niedrigwüchsige, konkurrenzschwache Moor- und Quellflurarten (ö)
Chinesischer Götterbaum	Ailanthus altissima	• Gehölzsukzession in wärmegetönten Trockenbiotopen
Erdmandel	Cyperus esculentus	• beobachteten Auswirkungen betreffen ausschließlich den Anbau von Nutzpflanzen (ö) • erhebliche negative wirtschaftliche Folgen durch Konkurrenz, die Verunreinigung der Ernte mit Erdmandelknollen und Bekämpfungskosten (w)
Gewöhnliche Douglasie	Pseudotsuga menziesii	• dringt auf natürlich baumfreie Fels- und Blockschuttstandorte vor, gefährdet spezialisierte Felsbewohner, sowie Licht und Wärme liebende Arten der Wälder trocken-saurer Standorte (ö)
Großer Wassernabel	Hydrocotyle ranunculoides	• gefährdet die biologische Vielfalt in Gewässern (ö)
Heusenkräuter	Ludwigia grandiflora-peploides-Komplex	• gefährdet die biologische Vielfalt in Gewässern (ö)
Kanadische Wasserpest	Elodea canadensis	• verändert bzw. bereichert die Gewässerzönose, bisher keine negativen Auswirkungen bekannt (ö) • behindert Wassersportnutzung an größeren Gewässern; Kosten für Räumung (w)
Robinie	Robinia pseudoacacia	• besiedelt trocken-warme Standorte im Umfeld von Pflanzungen, reichert den Boden mit Stickstoff an und verdrängt Magerrasenarten (ö)
Salz-Schlickgras	Spartina anglica	• großen Einfluss auf Sedimentation und Erosion im Wattenmeer durch Massenentwicklung (ö) • traditionelle Landgewinnung im Wattenmeer wird erschwert (w) • die scharfen, harten Blattränder können zu Schnittverletzungen bei Strandbesuchern führen (g)
Schmetterlingsstrauch	Buddleja davidii	• neben urban-industriellen können auch Auenstandorte oder naturnahe Felsstandorte besiedelt werden; gefährdet die Standorte durch dauerhafte Dominanzbestände (ö)
Späte Traubenkirsche	Prunus serotina	• gefährdet lichtliebende Arten der Kiefern- und Eichenmischwälder und beschleunigt die Gehölzsukzession von Magerrasen und Heiden in den Sandgebieten (ö) • verursacht hohe Kosten bei der Verjüngung und Neubegründung von Wäldern (w)
Topinambur	Helianthus tuberosus	• Dominanzbestände verdrängen durch Beschattung andere Pflanzenarten (ö) • erhöhte Erosion an bewachsenen Uferabschnitten kann wasserbauliche Maßnahmen notwendig machen (w)
Vielblättrige Lupine	Lupinus polyphyllus	• führt zur Verdrängung gefährdeter und schutzbedürftiger Arten der Bergwiesen und Borstgrasrasen; durch die symbiontische Fixierung wird der Standort mit Stickstoff angereichert (ö) • wegen der Bitterstoffe kann Heu von Wiesen mit Lupinen an Wert verlieren (w)

Deutscher Name	Wissenschaftlicher Name	Auswirkungen (ö=ökologische, w=wirtschaftliche, g=gesundheitliche)
Zurückgekrümmter Fuchsschwanz	Amaranthus retroflexus	• abgesehen von der Konkurrenzwirkung auf die Feldfrüchte sind keine Auswirkungen auf Pflanzen bekannt oder zu erwarten (ö) • beeinträchtigt als Ackerunkraut den Ackerbau und erhöht die Kosten für die Unkrautbekämpfung, da es auch herbizidresistente Formen der Art gibt (w)
Amerikanischer Nerz	Neovison vison	• verdrängen den heimischen Europäischen Nerz (ö)
Asiatischer Marienkäfer	Harmonia axyridis	• Konkurrenz für heimische Marienkäfer- Arten (ö) • Qualitätseinbußen bei der Mostgewinnung im Weinbau (w)
Bisamratte	Ondatra zibethicus	• Zerstörung von Wasserpflanzen- und Röhrichtbeständen an besiedelten Gewässern; gefährdet Großmuscheln (ö) • Schäden an Deichen und Uferbauwerken (w) • Zwischenwirt und Überträger des Fuchsbandwurms (g)
Blaubandbärbling	Pseudorasbora parva	• potentieller Laichräuber, Auswirkungen auf heimische Fischarten (ö) • Ertragseinbußen in der Karpfen-Teichwirtschaft (w)
Grasbarsch	Lepomis cyanellus	• verdrängen den heimischen Kaulbarsch und beeinträchtigen den Bestand aquatischer Kleintiere (ö)
Halsbandsittich	Psittacula krameri	• Konkurrenz für heimische Höhlenbrüter (ö)
Kartoffelkäfer	Leptinotarsa decemlinieata	• hat in Europa keine natürlichen Fressfeinde (ö) • führt zu erheblichen Ertragseinbußen bei der Kartoffelernte (w)
Kartoffelnematode	Globodera spec.	• abgesehen von der Schädlingswirkung auf die Feldfrüchte sind keine Auswirkungen auf andere Pflanzen bekannt oder zu erwarten (ö) • saugen an den Kartoffelwurzeln, dies kann die Wurzelfunktion stören und damit zu erheblichen Ertragseinbußen führen (w)
Kräusel- Jagdspinne	Zoropsis spinimana	• Konkurrenz für heimische Hausspinnen (ö) • Biss erzeugt vorübergehende Lähmungen und Ödeme (g)
Marderhund	Nyctereutes procyonoides	• potentiell sind Konflikte in Enten-, bzw. Limikolen-Schutzgebieten denkbar (ö) • gegen Übertragung von Tollwut und Fuchsbandwurm sind Maßnahmen wie beim Fuchs zu ergreifen (g)
Nadel-Kronenschnecke	Melanoides tuberculatus	• Konkurrenz für heimische Schneckenarten; kann durch Parasiten Krankheiten auf Wasservögel und Krebse übertragen (ö)
Nilgans	Alopochen aegyptiaca	• lokale Brutplatzkonkurrenz, bisher ohne Auswirkungen auf Populationsebene (ö) • landwirtschaftliche Schäden (w)
Nordamerikanischer Ochsenfrosch	Rana catesbeiana	• reduziert die biologische Vielfalt an Amphibien-Laichgewässern (ö)
Pazifische Felsenauster	Crassostrea gigas	• Konkurrenz für heimische Miesmuschel, da in Deutschland keine natürlichen Feinde vorhanden (ö) • potentielle Abnahme des Miesmuschel-Ertrags (w)
"Riesen"- Weberknecht	Leiobunum spec.	• Konkurrenz für heimische Weberknecht –Arten (ö)
Reblaus	Dactylosphaera vitifoliae	• abgesehen von der Schädlingswirkung auf die Weinreben sind keine Auswirkungen auf andere Pflanzen bekannt oder zu erwarten (ö) • saugen an den Wurzeln, dies kann zu erheblichen Ertragseinbußen führen (w)

Deutscher Name	Wissenschaftlicher Name	Auswirkungen (ö=ökologische, w=wirtschaftliche, g=gesundheitliche)
Schmuckschildkröten	Trachemys s. scripta & s. elegans	• reduzieren die biologische Vielfalt an Laichgewässern (ö)
Spanische Wegschnecke	Arion vulgaris	• konkurrenzfähiger als die einheimischen Arten, verdrängt diese in naturnahe Bereiche (ö) • landwirtschaftliche Schäden (w)
Waschbär	Procyon lotor	• potentiell sind Konflikte mit besonders gefährdeten Bodenbrütern denkbar (ö) • überträgt Spulwurm-Parasitose (g)
Waschbärspulwurm	Baylisascaris procyonis	• Mensch als Fehlwirt, kann zu einer schwachen Infektion führen (g)
Chinesische Wollhandkrabbe	Eriocheir sinensis	• Nahrungskonkurrenz zu heimischen Fischarten (ö) • Beeinträchtigung der Binnen- und Angelfischerei, Schäden an Uferbauwerken (w)

Groß und gefährlich: Der Riesenbärenklau in NRW

L. Hell, M. Rögels

Thema (Titel der Aufgabe)	Alles eine Folge von Klimawandel? Groß und gefährlich: der Riesenbärenklau in NRW

Rahmenthema	Die Biosphäre: Raum für viele Lebewesen

Kontext	*Treibhauseffekt – der Mensch verändert die Biosphäre*

Zusammenfassung	Der Riesenbärenklau hat sich als Neophyt in Deutschland sehr stark verbreitet. Die Schülerinnen und Schüler vergleichen ihn mit dem heimischen Wiesenbärenklau und gehen der Frage nach, ob und welchen Einfluss der Klimawandel auf die enorme Verbreitung dieser Pflanze haben könnte.

Basiskonzept(e)	Struktur und Funktion, Entwicklung

Kompetenzen	Die Schülerinnen und Schüler...
Fachwissen	- **wechseln** zwischen den Systemebenen von einer Einzelpflanze und Population. - **stellen** strukturelle und funktionelle Gemeinsamkeiten und Unterschiede von Riesen- sowie Wiesen-Bärenklau-Pflanzen als Organismen und Organismengruppen **dar.** - **beschreiben** und **erklären** die Angepasstheit des Riesen-Bärenklaus im Vergleich zu einheimischen Arten an die Umwelt. - **beschreiben** die artspezifische Individualentwicklung vom Riesenbärenklau.
Bewertung	- **beurteilen** verschiedene Maßnahmen und Verhaltensweisen zur Erhaltung der eigenen Gesundheit und zur sozialen Verantwortung. - **beschreiben** und **beurteilen** die Auswirkungen menschlicher Eingriffe in einem Ökosystem.

Jahrgangsstufe	7-10

Lernervoraussetzungen	allgemeiner Blütenaufbau, Fruchtbildung und Samenverbreitung bei Pflanzen, Konkurrenz und Konkurrenzvermeidung bei Pflanzen (z.B. Stockwerkaufbau des Waldes), abiotische Faktoren

Arbeitet dazu in Zweiergruppen (Tischpartner):

Löst die Teilaufgaben jeweils erst selbst; vergleicht nach jeder Teilaufgabe eure Ergebnisse!

1. **Lest** den Text 1 und **ermittelt** mit Hilfe des Steckbriefs, warum der Riesen-Bärenklau nicht berührt werden soll. **Unterstreicht** entsprechende Schlüsselwörter blau.
2. **Erklärt**, warum der Riesen-Bärenklau sich in NRW im Gegensatz zum bereits vorhandenen Wiesen-Bärenklau besonders erfolgreich ausbreiten kann.
   Vergleicht dazu die beiden Bärenklau-Arten, indem ihr in den Steckbriefen die Gemeinsamkeiten (in grün) und die Unterschiede (in rot) **markiert**.
   Beachtet auch ihre Standortansprüche, Fortpflanzung und Verbreitung!
3. **Beurteilt**, ob der Riesen-Bärenklau ein problematischer Neophyt ist.
   Verwendet dazu eure Ergebnisse aus Aufgabe 2 und die angegebenen Kriterien (Text 2).
   Kreuzt die zutreffenden Aussagen bitte an.
4. **Entscheidet**, ob das Auftreten des Riesen-Bärenklaus in NRW eindeutig durch den Klimawandel hervorgerufen ist, oder durch diesen nur erleichtert ist.
   Erstellt dazu eine Tabelle mit Pro- und Kontra- Argumenten dafür, dass das Auftreten des Riesen-Bärenklaus in NRW durch den Klimawandel (Text 3) hervorgerufen ist.
   Nutzt dabei auch eure in den Steckbriefen markierten Aussagen.
5. **Fasst** mit Hilfe des Textes 4 **zusammen**, wie der Riesen-Bärenklau bekämpft werden kann und begründet die verschiedenen Methoden.

Hilfestellung zur Aufgabe 2	*Antwort zur Hilfestellung zur Aufgabe 2*
Erklärt euch gegenseitig die Aufgabe noch einmal in eigenen Worten. Gebt an, wie und in welcher Reihenfolge ihr für die Bearbeitung der Aufgabe vorgehen wollt. Gebt an, in welchen Abschnitten ihr Antworten zu den verlangten Ansprüchen findet.	1. Wir lesen uns die Steckbriefe durch. 2. Wir suchen die Gemeinsamkeiten von Riesen- und Wiesenbärenklau heraus und unterstreichen sie mit einem grünen Stift. 3. Wir suchen in den beiden Texten nach Unterschieden und unterstreichen diese mit einem roten Stift. 4. Wir unterstreichen nicht alles, sondern achten besonders auf Kernaussagen. 5. Wir untersuchen die Ansprüche an ihren Lebensraum (Standort). Die Informationen zur Fortpflanzung finden wir versteckt in den Abschnitten zu Verwendung, Blütezeit und Samen. Die Informationen zur Verbreitung finden wir in den Abschnitten zu Vorkommen und Samen.
Hilfestellung zu Aufgabe 3	*Antwort zur Hilfestellung zur Aufgabe 3*
Erklärt euch gegenseitig, was ihr unter einem Neophyten versteht und überprüft eure Aussagen mit Hilfe des Textes 2. Nicht alle Neophyten sind problematisch; Sucht in dem Text 2 die Kriterien für problematische Neophyten heraus und gebt sie in eigenen Worten wieder. Sucht in den Steckbriefen und auch in den Texten 1, 3 und 4 nach Informationen zu den von euch formulierten Kriterien. Erstellt dann eine Tabelle mit den Kriterien (linke Spalte)und den gefundenen Merkmalen (rechte Spalte).	1. Wir lesen den Text 2 durch und formulieren in Satzform eine Definition für Neophyten. 2. Wir suchen aus Text 2 die Kriterien heraus, die gelten, wenn ein Neophyt eine problematische Pflanze ist. 3. Kriterium 1: Text 1 Fallbeispiel und Steckbriefe Kriterium 2: Text 1 Fallbeispiel und Steckbriefe Kriterium 3: Steckbrief (Verwendung) Kriterium 4: Text 1 Fallbeispiel und Text 4

Anfassen verboten!

Dolde:
Alle blütentragenden Stängel beginnen auf gleicher Höhe und sind ungefähr gleich lang, so dass durch die Blüten ein Schirm gebildet wird.

Alles eine Folge von Klimawandel?

Text 1

Groß und gefährlich: Der Riesenbärenklau in NRW

Kinder toben entlang des Ruhrufers in Duisburg umher. Sie drehen Steine im Wasser herum und schleichen durch die Ufervegetation. Plötzlich ertönt die Warnung der umstehenden Mütter:
„Finger weg! Berührt nicht den gefährlichen Riesenbärenklau!"

Frau Fröhlich hat diese, ursprünglich nicht einheimischen Pflanzen 1980 nur bei Wanderungen im warmen Moseltal gesehen. Nun ist sie überrascht, dass die auch als Herkulesstaude bekannte Pflanze heute schon in Duisburg in großen Beständen vorkommt. Bisher hat sie nur den einheimischen Wiesenbärenklau wahrgenommen.

Sie weiß: „Wer mit der Herkulesstaude in Berührung kommt, der muss mit Verbrennungen wie bei einem Sonnenbrand rechnen." (vgl. Abb. 1)

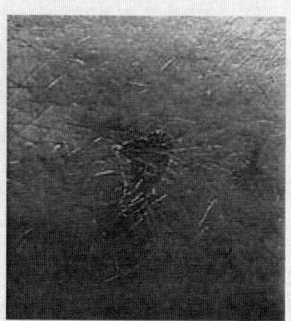

**Abbildung 2
Verletzung nach Kontakt mit Riesenbärenklau**

Abbildung 1 Stängel des Riesenbärenklau

Außerdem kann sie sich erinnern, dass es 1970 in England zu einem denkwürdigen Riesenbärenklau-Unfall kam: Kinder bastelten damals aus den hohlen, 10 cm dicken Stängeln des Riesenbärenklaus Blasrohre und Fernrohre (vgl. Abb. 2). Sie verletzten sich dabei erheblich.

Die Popgruppe Genesis schrieb später dazu den Song „Giant hogweed". Dieser ist als Warnung vor dem Riesenbärenklau in die Musikgeschichte eingegangen. Im Text heißt es: „Nichts kann es stoppen. Seine Macht wächst – es ist unbesiegbar!"

Frau Fröhlich hat folgende Fragen:

Ist der Riesenbärenklau bei uns ein problematischer „Einwanderer"?

Woher stammt der Riesenbärenklau? Ist er in seiner Heimat auch gefährlich?

Ist der Riesenbärenklau auf dem Vormarsch, weil er im Vorteil gegenüber dem einheimischen Wiesen-Bärenklau ist?

Warum ist der Riesenbärenklau so gefährlich? Und unser einheimischer Wiesen-Bären-klau nicht?

Ist das heutige Vorkommen des Riesenbärenklaus in Duisburg eine eindeutige Folge des Klimawandels?

Was können die Gärtner gegen den Riesenbärenklau tun?

Hat die Popgruppe Genesis in ihrem Stück mit der Warnung vor dem Riesen-Bärenklau Recht, wenn es heißt: „Nichts kann es stoppen ...es ist unbesiegbar?

Steckbrief

Riesenbärenklau
Heracleum mategazzianum

(Doldenblütengewächse)

Verbreitung: seit Beginn des 20. Jahrhunderts als Zierpflanze in Europa.

Ursprüngliche Heimat: Kaukasus (Südrussland/ Türkei; Durchschnittstem- peraturen: Winter –10°C, Sommer +23°C)

Vorkommen: Straßen- und Gewässerränder, brachliegende Feuchtgebiete, dichter Pflanzenbestand

Größe: 3m bis 4m

Standortansprüche: mineralstoffreiche Böden, anspruchslos

Wachstum/Vermehrung: zwei- oder dreijährig, pfahlartige Speicherwurzel

Blütezeit: Juni bis September
Dolden: 50 cm Durchmesser, Nachblüten

Samen: pro Pflanze ca. 10 000 - 50 000 Samen, sie sind gut flugfähig (z.B. beim Aufwirbeln im Straßenverkehr oder Stürmen) und schwimmfähig, lange keimfähig (z. B. im Kompost)

Giftigkeit: + + +
Der Pflanzensaft verursacht im Sonnenlicht starke allergische Reaktionen, die an große Sonnenbrandblasen erinnern; sie hinterlassen Narben und Farbveränderungen. Auch die Dämpfe können die Gesundheit beeinträchtigen.
Ursache: Furanocumarine (= Inhaltsstoffe der ganzen Pflanze)
Aus diesen Gründen wird Heu, das den Riesenbärenklau enthält, auch für Pflanzenfresser (Rinder, Schafe, Pferde, Kaninchen) unbrauchbar.

Verwendung: Futterpflanze für Bienen, Zierpflanze (bot. Garten, Privatgärten)

Steckbrief

Wiesen-Bärenklau
Heracleum sphondylium

(Doldenblütengewächse)

Verbreitung: Europa

Heimat: Europa (außer Mittelmeergebiete),(Durchschnittstemperaturen in NRW: Winter +3°C, Sommer +19°C)

Vorkommen: gedüngte Wiesen und Weiden, Waldränder, mäßige Feuchte

Größe: 50 cm bis 1,50m

Standortansprüche: mineralstoffreiche Böden, Halblicht, mäßige Wärme

Wachstum, Vermehrung: zweijährig oder ausdauernd, pfahlartige Speicherwurzel

Blütezeit: nach der Heuernte und vor dem zweiten Schnitt (Juni bis September), Dolden: 15cm Durchmesser, Nachblüten

Samen: pro Pflanze ca. 3 000 Samen, Samenverbreitung durch Wind, Wasser

Giftigkeit: +
Aus der frischen Pflanze werden Säfte für die Naturheilkunde gewonnen. Bei Berührung oder Anwendung des Pflanzensaftes entstehen bei Sonneneinstrahlung durch allergische Reaktionen gefährliche Hautausschläge.
Ursache: Furanocumarine (= Inhaltsstoffe der ganzen Pflanze)
Das Heu, das den Wiesenbärenklau enthält, ist für Pflanzenfresser nicht schädlich.

Verwendung: Futterpflanze für Insekten

Text 2

Als **Neophyten** werden gebietsfremde oder nichteinheimische Pflanzenarten bezeichnet, die von Natur aus – also ursprünglich – nicht in dem betrachteten Gebiet vorkommen, sondern durch den Einfluss des Menschen (beabsichtigt oder unbeabsichtigt) nach dem Jahr 1500 eingebracht wurden. Der Begriff **Neophyt** setzt sich aus den griechischen Wörtern "neo" = neu und "phytón" = Pflanze zusammen.

Neophyten gelten als problematisch, wenn sie mindestens 3 der folgende Kriterien (☑) erfüllen:

☐ sie gefährden oder verdrängen einheimische Arten
☐ sie verändern heimische Ökosysteme
☐ sie verursachen wirtschaftliche Schäden

Text 3

Klimawandel:
Der Klimawandel hat die Pflanzen- und Tierwelt längst erreicht.
Der gemessene durchschnittliche Temperaturanstieg um 0,95 Grad Celsius in Deutschland sorgt für eine Verschiebung der Klimazonen um bis zu 100 km nach Norden.

Prognosen der Wissenschaftler zum Klimawandel in West- und Mitteleuropa
• Trockenere, wärmere Sommer
• Regenreichere, wärmere Winter
• Starke Regengüsse, verbunden mit Überflutung und Bodenerosion
• Zunehmend heftigere Stürme

Zunehmende sommerliche Temperaturerhöhung und Trockenheit schaffen günstige Bedingungen für Neophyten auf brach liegenden Flächen.

Text 4

Fall 1: Münster
Die Stadt Münster will die Pflanze jetzt gezielt bekämpfen. Nicht nur auf den zahlreichen öffentlichen Grünflächen der Stadt sollen die Stängel vor der Blütezeit gemäht werden. Da die Pflanze immer wieder neu austreibt, solle dies häufig geschehen. „Wir haben auch die Besitzer anderer Flächen wie die Bahn oder den Landschaftsverband aufgerufen, sich an den Aktionen zu beteiligen" sagt ein Vertreter der Stadt Münster. Auch Anwohner von Gewässern und Hobby-Gärtner sollen sich beteiligen. Gummistiefel, langärmelige Kleidung und eine Schutzbrille müssen unbedingt beim Abhacken der Pflanzen getragen werden. Die Fruchtdolden dürfen nicht kompostiert, sondern sollten verbrannt werden.

Fall 2: Köln
Im Stadtzentrum Kölns und in den dicht bebauten Stadtvierteln wird nichts gegen die giftige Pflanze unternommen. „Nur wenn sich ein Kinderspielplatz oder ähnliche Einrichtungen in der Nähe befinden", sagt der stellvertretender Leiter des Kölner Grünflächenamtes. In Köln setzt man eher auf die Aufklärung über die Gefahren der Pflanze. „Jedes Jahr wird darauf hingewiesen, dass die Pflanze giftig ist und gemieden werden soll", und das müsse ausreichen. Dass die Herkulesstaude andere Pflanzen verdrängt, sieht der Leiter gelassen: „Es ist kaum zu vermeiden, dass sich solche Exoten ausbreiten". Um die Pflanze gezielt auszurotten, sei der Aufwand viel zu groß. „Die Arbeiter müssen dabei Schutzkleidung tragen und auch die Wurzeln müssen komplett ausgegraben werden", erklärt er. Aber in Köln sei die Herkulesstaude auch kein so großes Problem. „Es gibt einige Stellen, wo die Pflanze wächst und die haben wir immer im Blick", so der Vertreter des Grünflächenamtes.

Erwartungshorizont

Aufg. Nr.	Erwartete Schülerleistung	Standards, AFB*				
		F	E	K	B	AFB
1	Riesenbärenklau: Giftigkeit + + + (sehr stark giftig) Der Pflanzensaft verursacht im Sonnenlicht starke allergische Reaktionen, die an große Sonnenbrandblasen erinnern; sie hinterlassen Narben und Farbveränderungen. Auch die Dämpfe können die Gesundheit beeinträchtigen. Ursache: Furanocumarine (= Inhaltsstoffe der ganzen Pflanze). Aus diesen Gründen wird Heu, das den Riesenbärenklau enthält, auch für Pflanzenfresser (Rinder, Schafe, Pferde, Kaninchen) unbrauchbar.	x		x		I

Darstellung struktureller und funktioneller *Gemeinsamkeiten* und Unterschiede von Riesen- sowie Wiesen-Bärenklau-Pflanzen als Organismen und Organismengruppen in der Tabelle: (F: x, AFB: I)

Kriterium	Riesenbärenklau	Wiesen-Bärenklau
Heimat	Kaukasus (extreme Durchschnitts-temperaturen)	Europa (gemäßigte Durchschnitts-temperaturen)
Vorkommen	Straßen-, Gewässer-ränder, brachliegende Feuchtgebiete, dichter Pflanzenbestand	gedüngte Wiesen und Weiden, Waldränder,
Größe	3m bis 4m	50 cm bis 1,50m
Standortan sprüche	*mineralstoffreiche Böden*, anspruchslos	*mineralstoffreiche Böden*, Halblicht, mäßige Wärme, mäßige Feuchte
Fort-pflanzung	Blütezeit *Juni bis September*, Blüten: *Dolden*: 50cm Ø, pro Pflanze ca. 10 000 - 50 000 Samen	Blütezeit *Juni bis September*, Blüten: *Dolden*: 15cm Ø, pro Pflanze ca. 3 000 Samen
Verbreitung	Samen sind gut *flugfähig* und *schwimmfähig*, lange keimfähig (z. B. im Kompost)	Samenverbreitung durch *Wind, Wasser*
Giftigkeit	+++ keine Fressfeinde	+ Fressfeinde

(Standortan sprüche-Zeile: E: x, K: x, AFB: I)

2

Beschreibung der Dolde mit hoher Anzahl leicht verbreitungs- und keimungsfähiger Samen als strukturelle und funktionelle Grundbaueinheit vom Riesenbärenklau als Voraussetzung für eine starke Vermehrung. (F: x, AFB: II)

Beschreibung und Erklärung der Angepasstheit des Riesenbärenklaus -im Vergleich zu seinem Verwandten- an die Umwelt durch seine geringen Bodenansprüche, seine Wärmeunempfindlichkeit und fehlende Fressfeinde. (F: x, AFB: II-III)

Samen des Riesenbärenklau → Riesenbärenklau (B: x, AFB: II)

#							
3	Unter Einbeziehung von Einzelpflanze bzw. Population erfolgt die Beurteilung, dass der Riesenbärenklau ist ein problematischer Neophyt ist, weil alle Kriterien erfüllt sind: ☑ sie gefährden oder verdrängen einheimische Arten (Wiesen-Bärenklau ist im Vergleich im Nachteil, andere konkurrierende Pflanzen können ebenfalls verdrängt werden) ☑ sie verändern heimische Ökosysteme (andere Lebensgemeinschaft) ☑ sie verursachen wirtschaftliche Schäden (Heu) ☑ sie gefährden die Gesundheit des Menschen (Allergie)	x		x			III

Zusammenstellung von bewertenden Argumenten, ob das Auftreten der Pflanze durch den Klimawandel hervorgerufen ist:

Kriterien	Ja - Pro	Nein - Contra
Vorkommen in Deutschland		absichtlich eingeführt
Witterung:	geförderte Samenverbreitung: wärmere Sommer, heftige Stürme, mehr Regen	
Bodenansprüche		anspruchslos
Regulation		keine Fressfeinde
Samen-produktion		viele Samen, erfolgreiche Verbreitung
...		

Row 4 (Witterung block): x, x, II

Entscheidung, dass das Auftreten der Pflanze nicht durch den Klimawandel hervorgerufen, aber begünstigt wird. Eigentlicher Anlass war die Einführung durch den Menschen. Schnellwüchsige, konkurrenzstarke Neophyten könnten sich zukünftig verstärkt ausbreiten. — x, x, III

Row 5:
- Zusammenfassung: Unter Verwendung von Schutzkleidung - Mähen, Ausgraben, Dolden Abschneiden, Dolden Verbrennen — x, x, I
- Akzeptanz der unterschiedlichen Strategien: der eine Ort ist ländlich strukturiert, der andere städtisch ohne große brach liegende Grünflächen, d.h. ohne Verbreitungsflächen. — x, x, x, III
- Wissen um die Verantwortung der Einzelperson sowie der kommunaler Einrichtungen — x, x, I

*Anforderungsbereiche I (Reproduktion), II (Reorganisation), III (Transfer)

Anmerkungen der Autoren zum Einsatz der Aufgabe

Diese Aufgabe eignet sich für zwei Einzelstunden.

Die Inhalte der Aufgabe 4 oder 5 können in Form eines fish-bowls diskutiert werden.

Die Fragen der Frau Fröhlich sollten abschließend binnendifferenziert nach Leistungsstärke der Schülerinnen und Schüler beantwortet werden.

Zeitungsartikel:
Gefahr von oben – abbrechende Äste durch Platanenkrankheit
Entfernung betroffener Äste kostet Städte Millionen
H. Geelvink

Aufgabe: a) Erstelle einen Spickzettel mit den Informationen des Textes.

                b) Formuliere Fragen zum Text, z.B. „Was sind Neobiota?"

Der eingewanderte Schlauchpilz Splanchnonema platani ist die Ursache für die sogenannte Massaria-Krankheit. Zuerst sterben die oberen dünnen Zweige, nach wenigen Monaten aber auch bereits armdicke Äste ab. Die herunterstürzenden Äste sind dann eine nicht zu unterschätzende Gefahr für Menschen und verursachen zudem bei parkenden Autos erhebliche Blechschäden. Da Platanen unempfindlich gegenüber Luftverschmutzungen durch z.B. Abgase sind, werden sie in vielen europäischen Ländern als Straßenbaum angepflanzt.

Durch die Verkehrssicherungspflicht ist „Grün und Gruga Essen" (ehemals Grünflächenamt) im Einsatz, die ca. 11.000 relevanten Platanen entlang der vielen alleeartigen Straßen auf die Massaria-Krankheit zu überprüfen und zu behandeln. Durch das immer häufigere Auftreten der Baumkrankheit in den letzten Jahren entwickelt sich diese nun zu einem kostspieligen Problem für die Städte und Gemeinden, denn die Anzeichen auf den Pilzbefall sind durch die übliche Baumbeschau nicht zu erkennen. Städtische Arbeitskolonnen müssen dreimal jährlich mittels Hubwagen die Äste untersuchen und die betroffenen Äste absägen. Da inzwischen jeder dritte Baum bearbeitet werden muss, sind bei Grün und Gruga Essen von sieben Arbeitskolonnen fünf nur noch mit der Platanenkontrolle beschäftigt. Die Kosten hierfür liegen mindestens bei einer Million Euro jährlich. Da die Platanen durch die Massaria-Krankheit nicht absterben und die Pilzsporen so die übrigen Äste befallen können, müssen die Maßnahmen auch in den nächsten Jahren ergriffen werden. Die zukünftige Finanzierung dieser Baumkrankheit ist noch unklar.

Roland Haering, der Leiter der zuständigen Abteilung, ist der Meinung, dass sich die Baumkrankheiten durch die Klimaveränderungen in den letzten Jahren auch in Deutschland ausgebreitet haben: „Heiße und trockene Sommer begünstigen den Ausbruch solcher Krankheiten. Die Massaria-Krankheit tauchte in Deutschland erstmals 2003 auf. Neobiota stellen ein immer größeres Problem dar."

Literatur

Kowarik, I. & Rabitsch, W. (2010). Biologische Invasionen. Neophyten und Neozoen in Mitteleuropa. Stuttgart: Ulmer.

Gebhardt, H. & Albert, R. (1996). Gebietsfremde Tierarten. Landsberg: Ecomed.

Neobiota Artenliste Pflanzen (vom 11.08.2011)

http://neobiota.naturschutzinformationen-nrw.de/nav2/Artenlisten.aspx?ART=Pflanzen

Neobiota Artenliste Tiere (vom 11.08.2011)

http://neobiota.naturschutzinformationen-nrw.de/nav2/Artenlisten.aspx?ART=Tiere

Forschungsbericht vom Umweltbundesamt: Bestandsaufnahme und Bewertung von Neozoen in Deutschland (vom 11.08.2011)

http://www.umweltdaten.de/publikationen/fpdf-l/2141.pdf

http://www.bund-duisburg.de/riesenbaerenklau.htm

Duisburg Groß und gefährlich: Der Riesenbärenklau in Duisburg

http://www.sueddeutsche.de/wissen/artikel/934/99835/

Gewinner des Klimawandels: „Wir werden vom Süden aufgerollt" (vom 30.1.2007)

RBK2005 – Erfahrungen in Hamburg.pdf

Abbildungsverzeichnis

Seite	Abbildungsnachweis
7	Foto: Silvia Wenning, Karte: Hilke Geelvink
11-34	Alle Abb.: Sebastian Elsemann
40	Schild: Roojen, Pepin von: Dot not touch.PNG. Online verfügbar unter http://commons.wikimedia.org/wiki/File:Dot_not_touch.PNG?uselang=de, zuletzt geprüft am 15.08.2011. Dolde-Foto: Liné1: Heracleum mantegazzianum 09 by Line1.jpg. Online verfügbar unter http://commons.wikimedia.org/wiki/File:Heracleum_mantegazzianum_09_by_Line1.jpg?uselang=de, zuletzt geprüft am 15.08.2011. Dolde-Schema: Shazz: Inflorescences Umbel Kwiatostan BaldachZłożony.svg. Online verfügbar unter http://commons.wikimedia.org/wiki/File:Inflorescences_Umbel_Kwiatostan_BaldachZ%C5%82o%C5%BCony.svg?uselang=de. Abb. 1: Lamiot: Brûlure Berce caucase Heracleum mantegazzianum.jpg. Online verfügbar unter http://commons.wikimedia.org/wiki/File:Br%C3%BBlure_Berce_caucase_Heracleum_mantegazzianum.jpg?uselang=de. Abb. 2: Apel, Michael: Heracleum mantegazzianum caulis.jpg. Online verfügbar unter http://commons.wikimedia.org/wiki/File:Heracleum_mantegazzianum_caulis.jpg?uselang=de.
41	Frau Fröhlich: Luiz, Lucio: Piada4.jpg. Online verfügbar unter http://commons.wikimedia.org/wiki/File:Piada4.jpg.
46	Platanen-Foto: Harper, Derek: Removing the plane trees, Exeter - geograph.org.uk - 475611.jpg. Online verfügbar unter http://commons.wikimedia.org/wiki/File:Removing_the_plane_trees,_Exeter_-_geograph.org.uk_-_475611.jpg.

Autoren und Herausgeber

Hilke Geelvink

Didaktik der Biologie
Universität Duisburg-Essen

hat die Fächer Biologie und Chemie für das Lehramt an Gymnasien und Gesamtschulen studiert. Von 2009 – 2011 arbeitete sie in der Abteilung Didaktik der Biologie an der Universität Duisburg-Essen.

Lilla-Eliza Hell

Gymnasium Odenkirchen

arbeitet als Moderatorin in der Lehrerfortbildung der Bezirksregierung Düsseldorf. Sie unterrichtet die Fächer Biologie und Chemie am Gymnasium Odenkirchen in Mönchengladbach.

Annika Hülsken

Didaktik der Biologie
Universität Duisburg-Essen

studiert die Fächer Biologie und Mathematik für das Lehramt an Gymnasien und Gesamtschulen. Seit 2012 arbeitet sie in der Abteilung Didaktik der Biologie an der Universität Duisburg-Essen.

Fabian Kubinski

Didaktik der Biologie
Universität Duisburg-Essen

hat die Fächer Biologie und Chemie für das Lehramt an Gymnasien und Gesamtschulen studiert. Von 2009-2011 hat er in der Abteilung Didaktik der Biologie an der Universität Duisburg-Essen gearbeitet.

Marion Rögels

Franz-Meyers-Gymnasium
Mönchengladbach

hat als Moderatorin in der Lehrerfortbildung der Bezirksregierung Düsseldorf gearbeitet. Sie unterrichtete am Gymnasium in Mönchengladbach und war Fachleiterin am Studienseminar in Mönchengladbach.

Prof. Dr. Angela Sandmann

Didaktik der Biologie
Universität Duisburg-Essen

hat Biologie und Chemie auf Lehramt studiert und in Didaktik der Biologie promoviert. Seit 2005 ist sie Professorin für die Didaktik der Biologie an der Universität Duisburg-Essen und hier in Projekten wie „nwu-essen", „Biologie im Kontext", „Ganz In" und in der Lehrerfortbildung engagiert.

Silvia Wenning

Didaktik der Biologie
Universität Duisburg-Essen

hat Biologie und Physik für das Lehramt an Gymnasien und Gesamtschulen studiert. Sie ist Moderatorin und langjährig in der Lehrerfortbildung tätig. Seit 2008 ist sie wissenschaftliche Mitarbeiterin in der Didaktik der Biologie an der UDE und koordiniert hier das Projekt „Bioinnovativ".